터

터

김희자 지음

발행일 2024년 9월 30일 초판 1쇄

지은이 김희자
펴낸이 정연순
펴낸곳 나무향
편   집 이우석
주 소 서울 광진구 자양로 28길 34, 드림스페이스 501호
전 화 02-458-2815, 010-2337-2815
메 일 namuhyang2815@hanmail.net
저작권자 ©2024 김희자
출판등록 제2017-000052호

가격 15,000원
ISBN 979-11-89052-85-0 (03810)

• 잘못 인쇄된 책은 바꾸어 드립니다
• 이 책은 저작권법에 따라 보호를 받는 저작물이므로 무단 전재와 복제를 금합니다

다랭이마을 순수작가, 김희자의 터 이야기

김희자 지음

나무향

/작가의 말/

고향 다랭이마을에서 일곱 번째의 가을을 맞이한다.
어머니를 봉양하러 남해에 왔다가 유배되어 버렸다. 네 해 넘게 모시던 어머니는 소천하시고, 숙소 설흘재雪屹齋를 운영하며 고향 집을 지키고 있다.
고향에선 가만히 있어도 일을 준다. 글 쓸 틈 없이 하루하루가 치열하다. 숙소를 찾는 손님을 받고, 내 손길이 필요한 어르신을 돌보며 다랭이마을 딸로 산다. 그 덕에 나는 이곳에서 다시 터를 잡았고, 터에 의지하며 의미 있는 삶을 그려간다. 여기에서의 삶을 나는 만족한다.
천혜의 자연을 품은 고향이 내게 말한다. 내가 의지할 곳은 곧 여기 터라고, 터에서 어머니의 품속처럼 따스하고 유정한 사람이 되라고 청한다.
난 소망한다. 이곳이 내 문학의 산실이며, 내 삶이 곧 문학이기를. 지난 추억과 다랭이마을 사람들의 이야기는 역사가 되고, 고향에서의 하루하루는 내 삶의 흔적으로 남았으면 한다.

이곳에 의지할 수 있게 해주신 부모님과 자리를 잡게 해주신 남해 사람들께 감사하다. 내게 주어지는 삶에 매일매일 감사하다고 되뇌지만, 때로는 겹겹의 적적함이 찾아오기도 한다. 하나 내 곁에 꿈꿀 수 있는 자유를 주는 문학과 말을 걸어주는 자연이 있으니, 무엇이 더 필요하랴.

처서가 지나자, 하늘색부터 다르고 고추잠자리 떼 마당 위로 유유히 난다. 그 뜨겁던 여름이 물러나고 가을이 자리를 편다. 생전의 어머니께서 마루에 앉아 앞산을 보시던 것처럼, 나 또한 그 자리에 앉아 풍경을 들인다. 갈바람 한 자락 지나간 앞산 자락에 부모님께서 꽃 보듯 웃고 계신다. 마음이 가을처럼 고요할 땐 부모님이 더없이 그립다.

글쓰기의 꽃이라는 퇴고. 긴 여름내 무더위와 싸우며 몰입했다. 다듬고 다듬어도 끝이 없는 퇴고의 길……. 눈이 쓰라리게 아팠지만, 가을이 오기를 기다리며 견뎠다. 드디어 가을의 초입. 부모님이 떠난 고향 집에서 내 분신 같은 네 번째 작품집의 원고를 넘긴다.

2024년 가을의 초입에
다랭이마을 생가에서 연당蓮塘

/차례/

• 작가의 말　4

1. 터전

흙	*14*
터전	*19*
푸른 축제	*24*
앞산	*30*
밥무덤	*34*
이팝나무와 너럭바위	*38*
소치섬과 매봉산	*43*
거북바위	*46*
새미	*49*
미륵은 언제	*53*

2. 차경借景

차경借景	*60*
남으로 온 까닭	*65*
꿈	*68*
목수의 딸	*73*
전어	*79*
시간에 기대어	*84*
사임당	*88*
경계	*93*
선물	*97*
낯선 계절	*103*

3. 적소에서

저녁 *110*

꽃이 간다 *114*

앵무새가 사는 바다 *118*

적소에서 *122*

봄을 깨다 *126*

유월 풍경 *131*

바래 *136*

달빛 걷기 *141*

묵정논 *145*

다리 *149*

4. 터 지킴이들

터의 산증인	*156*
마당 깊은 집	*162*
팥죽 쑤다	*166*
한죽	*171*
망골이 터전	*175*
은희네	*180*
오월의 장미는 피었건만	*184*
섬	*189*
터 지킴이	*194*
사라져서 그리운 것들	*198*

5. 뿌리를 내리다

설흘재雪屹齋	*210*
꽃필 날을 기다리며	*214*
손님	*218*
잘 가요, 우리 엄마!	*224*
장맛비	*229*
뿌리를 내리다	*234*
떠남의 계절인가	*239*
소포	*243*
동행	*247*
황혼의 시간	*252*

1

터전

흘기

마을은 고요한 어둠 속에 잠겨 있다. 바지런한 어머니는 아직 기척이 없다. 산책하러 나가려고 바스락거리니 반려견이 꼬리를 흔들며 마루로 뛰어나온다. 눈치 빠른 녀석이 따라나설 태세다. 운동화를 신으니 덥석 내 품에 안긴다. 저도 아침 공기 맛을 아는가 보다. 대문을 나와 바다가 보이는 들로 내려섰다.

그 사이, 연분홍 아침노을이 수평선 위에 차렵이불처럼 깔려 있다. 해풍에 잠이 깨는 들녘. 바다에 동살이 퍼지며 육조문에 가장 먼저 햇살이 든다. 여섯 부처의 얼굴을 닮았다는 응봉산 자락에 햇살이 퍼지면, 다랭이마을 사람들의 하루가 열린다. 동이 트면 농부의 손길이 가장 분주하다.

바다로 가는 골목 끝에서 소열 삼촌을 만났다. 창고에서 파 자루를 꺼내시던 삼촌이 해맑은 미소를 지으며 인사를 하신다.

"벌써 일어났는가?"

"네, 파 씨 심으려고예?"

"어이, 저 아래 논배미에 쪽파 심으려고."

들길 따라 발걸음을 옮기니, 뒤에서 머리에 수건을 두른 소열 삼촌의 부인이 종종거리며 내려오신다. 부부가 바닷가 다랭이논에 파를 심으려는 모양이다. 팔순이 넘은 부부는 노련한 걸음으로 나를 추월해 작은 논배미로 들어가신다. 그 윗논에서 대천 삼촌이 땅을 파 흙을 일구고 계신다. 곧 시금치를 파종하려는가 보다. 벌써 일하러 나오셨냐며 허리 숙여 인사하자, 삼촌은 환하게 웃으며 산책 나왔느냐고 말씀하신다.

고향에 들어온 후 한동안 분주했다. 집 정리와 수리로 며칠이 후딱 지나갔다. 사십여 년 만에 고향에 돌아온 나 역시 적응할 시간이 필요했다. 한동안 엄두조차 못 내다가 오늘은 큰마음 먹고 들로 나왔다.

암수바위가 있는 풍경 너머로 분홍빛을 띤 나무가 서 있다. 무슨 나무이지? 눈이 휘둥그레진 나는 나무 옆으로 다가갔다. 자세히 살펴보니 철을 잊은 벚꽃이 피어 있다. 구월 초에 벚꽃이라니. 분홍빛이 하도 고와 다시 훑어보니 벚꽃이 맞다. 의아해하는 내게 대천 삼촌은 봄부터 가물어 잎이 져버리더니 지금이 봄인 줄 아나 보다며 헛웃음을 치셨다. 팔십 가깝게 이곳에서 살았지만, 한해에 벚꽃이 두 번 피는 건 처음 본다며 고개를 흔드셨다. 가물고 극한 무더위 탓일까. 제철도 아닌데 꽃이 피다니. 나 또한 믿기지 않아 고개를 내저었다.

　대천 삼촌은 마을에서 가장 지혜롭게 농사를 짓는 사람이라고 정평이 나 있다. 말수가 적은 듯해도 꽤 실속 있는 어르신이다. 터의 위치가 좋기도 하지만, 토지 또한 오지다. 서둘러 시금치 종자를 뿌려서 남들은 한 번 재배하는 시금치를 두 번 수확하여 여행객에게 팔거나 농협에 출하한다. 이상 기후로 변해가는 계절 앞에서도 영명하게 흙을 일구어 터를 지키는 분이다.

　다랭이마을에서는 부지런만 하면 먹고살 수 있다고들 한다. 거짓말하지 않는 흙이라 바지런한 사람에게는 풍요로운 결실을 안겨준다. 사시사철 마을을 찾는 여행객이 있으니, 농작물을 팔 수 있는 경로가 매양 열려 있다. 호미처럼 등 굽은 할머니도 봄이면 들로 나가 캔 쑥이나 나물을 팔고, 아낙들은 논과 밭에서 정성 들여 키운 농작물을 마을 어디에서나 놓고 팔 수 있다. 이곳 흙에서 자란 농작물은 해풍을 맞고 커서 맛나다고 소문났다. 특히, 겨울에 재배한 시금치는 여느 곳에서 자란 것보다 달달하여 인기가 높다.

　농로를 내려서며 시선을 아래로 두니 층층 논둑 너머로 수평선이 펼쳐져 있다. 아득한 바다 위에 섬 하나가 떠 있다. 멋진 배경이다. 순간. 노부부의 일하는 모습과 풍경이 어우러진다. 소열 삼촌은 괭이로 고랑을 파고, 숙모는 고랑 따라 쪽파를 파종하고 있다. 소박하고 부지런한 노부부. 일하는 그들이 힘들어 보이지 않고 마냥 행복해 보인다.

한 평이라도 터를 넓히기 위해 고단하게 살아왔던 세월. 줄줄 달린 자식 키우며 치열하게 살았던 때와는 달리 여유로워진 모습이다. 젊을 땐 아들 셋을 키우기 위해 죽자 살자 살았지만, 이제는 일하는 모습도 무르익었다. 그들의 모습 뒤로 서포 선생님의 유배지였던 노도가 보이고, 항구로 향하는 유조선도 떠 있다.

소열 삼촌은 평생 흙에서 살아왔다. 마을의 진정한 일꾼이었으며 터를 지켜온 사람이다. 젊은 날엔 마을 일을 도맡아 했다. 좋은 일, 궂은일도 마다하지 않으셨다. 다랭이마을에 없어선 안 되는 소와도 함께한 분이었다. 이곳에서 마지막까지 일소와 함께한, 흙을 만지며 평생 살아오신 분이다. 힘들게 농사를 지어봤기에 아들이 셋이나 있었지만, 지게 한 번 지우지 않았던 아버지였다.

흙에서 자라고, 터를 일구는 어르신들 앞에서 산책을 즐기는 내가 쑥스럽다. 생각의 깊이가 더해지는 사이, 동쪽 바다 끝이 불그스레하게 물든다. 노도가 있는 동쪽 바다에서 시작한 해의 자리 길은 터를 지키는 사람들의 때를 가늠하게 하는 시간이다. 해를 가늠하여 아침을 먹고 마을 사람들은 하루 채비를 서두른다. 해가 뜨면 바다는 온통 황금빛으로 물이 들고, 다랭이마을 사람들은 매일 논밭으로 나간다. 농부는 흙을 멀리할 수 없다. 정성으로 비옥한 흙을 가꾸고, 땀으로 생명의 씨를 뿌려 거두어들인다. 진정한 농부는 거친 땅을 탓하지 않으며 흙의 소중함을 안다.

 노도 옆 바다에 햇살이 퍼진다. 노부부가 다랭이논에 파를 심고, 대천 삼촌이 흙을 일구는 동안 구름 속에 있던 해가 얼굴을 쏙 내밀며 대지에 빛을 붓는다. 잠들었던 대지가 깨어나고 세상이 눈부시다. 대지의 흙은 세상을 눈부시게 만드는 생명의 기운이 있다. 힘한 땅, 흙에서 생명의 기운을 느끼며 사는 사람들이 위대하다. 그들이 만드는 삶보다 더한 풍경은 세상 어디에도 없으리라.

터전

　남해에서 드물게 수평선을 볼 수 있는 마을. 그 앞바다 위로 뜨거운 태양이 떠오른다. 이곳은 남해에서 제일 먼저 뜨는 해를 받아 농사짓는 다랭이마을이다. 거친 파도가 때리는 바닷가 절벽에서 가파르게 산이 이어졌다. 그 산을 층층이 깎아 만든 터전이 다랭이(다랑)논이다.

　다랭이논으로 이름난 이곳은 생명의 중심지다. 어머니가 아기를 안고 있는 모양을 한 남해 섬의 회음부에 자리 잡고 있어 새 생명을 잉태할 신성한 곳이다. 그 실마리는 바다로 가는 다랑논에 있는 암수바위에 있다. 바닷가 언덕에서 시작된 삶의 터전은 마을 양옆, 양수를 보급해 주는 하천川에서 시작한다. 개울물은 마을의 생명수다. 마을 앞에는 대양으로 나가는 바다가 있고, 응봉산과 매봉산, 설흘산이 양팔 벌려 마을을 감싸듯 품고 있다.

　등고선처럼 이어진 다랭이논과 바다가 조화를 이룬 이곳은 사람이 살아온 자세한 기록은 남아있지 않지만, 경상남도 기념물 제247호인 설흘산 봉수대와 민속자료인 암수바위의 전설로 미루어 보아 고려 이전에 사람이 살았던 것으로 추정한다. 조선시대 중엽 이전에는 마을 이름을 간천間川이라 했고, 그 후 가천加川이라 불러 오다가 2022년 1월 1일부터 다랭이마을로 명명했다.

다랭이마을은 국가유산청이 국가지정문화재(명승 제15호)로 지정했다. 문화재는 가옥이나 건축, 예술품만이 아니라는 것을 이곳에서 증명한다. 민초의 땀으로 개척한 층층 계단 논도 문화적 가치가 된다는 뜻이다.

남해 섬은 예부터 살림이 궁했다. 섬이라기보다 바다에 불쑥 솟은 산에 가까워 논과 밭이 산비탈에 기대어 있다. 다랭이마을은 설흘산 모롱이에 터를 잡아 유달리 지형이 거칠다. 마을 앞에 큰 바다가 펼쳐져 있지만, 해안선이 벼랑이라 배 한 척 의지할 수 없다. 오죽하면 이웃 마을에서 이곳으로는 딸을 시집보내지 않으려고 했을까. 강인한 고향 사람들은 바닷가 산비탈을 생긴 대로 깎아 터를 일구어 생계를 이어왔다. 경사진 곳에 터를 잡을 수밖에 없는 집도 힘겹게 마을 사람들처럼 낮은 지붕을 쓰고서 기대어 있다.

고향의 터전은 선조들이 정착하면서 벼랑 끝에 제비집을 짓듯 일구었다. 농토를 한 뼘이라도 더 넓히려는 윗대 어른들이 산비탈을 깎고 석축을 쌓아 계단처럼 농토를 만들었다. 선조들의 지혜와

땀이 밴 한 뼘의 땅은 민초들의 희망이며 터전이었다. 45도의 가파른 언덕이라 터전을 일구기엔 버거웠겠지만, 하나둘씩 느는 식구들의 생계를 위해서는 산비탈의 거친 땅을 쓸모 있는 토지로 만들어야 했다.

가족 한 사람이 태어나면 삿갓배미 하나가 생겨나고, 또 한 명의 식구가 늘면 산 끝자락을 깎아 하늘배미를 만들었다. 농사철이면 팥죽 같은 땀이 등을 고랑처럼 적셨다. 식구 수가 늘수록 하나씩 불어난 논이 백여덟 개의 계단을 이루어 터전이 되었다. 마을 사람들은 가파르고 비탈진 터에 씨를 뿌리고 거두며 자연환경에 스스로 길들어졌다.

만을 끼고 있는 이웃 마을의 바다가 여성적이라면, 내가 태어난 이 마을의 바다는 남성적이다. 바닷가에는 절벽과 화강암으로 된 암반이 많다. 화강암이 바다에서부터 뿌리내렸는지 마을에는 암수바위를 비롯하여 개울에도 암반이 깔려 있다. 터의 기운이 그만큼 세다는 의미가 아닐까 싶다. 태평양을 내다봐도 배 한 척 기댈 수 없지만, 잠수부 배를 가진 선주가 일곱 집이나 있었다. 거친 바다의 습성 탓에 포구를 만들어 놓아도 태풍이 오면 휩쓸고 가서 이웃 마을의 선착장을 이용했다.

절벽을 생긴 대로 일구어 다랭이논 둑처럼 굽이굽이 살아온 고향 사람들의 아침은 가파른 언덕길에서 시작되고, 막막한 바다 끝에 물든 노을빛이 저녁을 그린다. 이곳의 진정한 매력은 그림 같은 절경이 아니라, 한 뼘의 땅을 일궈낸 사람들의 피땀일 것이다.

오래전, 파도 소리를 벗 삼아 성장했던 나는 마을 언덕에 앉아 고향의 아침을 맞는다. 고향으로 돌아오는 것이 마지막 꿈이었던 난 오십 중반에 그 소망을 이루었다. 인간은 누구나 자기 존재의 공허함을 느끼며 영적인 피난처를 찾는다. 내면을 키워 의지할 곳을 찾기 마련인데 그곳이 곧 터전인 고향이다. 터는 의지할 곳을 의미한다. 그래서 연어는 다시 자기가 태어났던 강으로 돌아가고, 나도 고향으로 돌아온 것이 아닐까.

옛 동산에 앉아 마을 아래부터 손가락으로, 가구 수를 헤아려 본다. 모두 육십여 가구에, 사람이 사는 집은 얼추 오십여 채. 지금 거주하고 있는 사람은 총 쉰아홉 명이라 한다. 손바닥만 한 마을이라고 하지만, 전성기일 때는 초가 수가 백오십 가옥이나 되었다. 예전에는 누구네 정주간 숟가락이 몇 개인지 훤히 꿰뚫고 살았다. 지금 마을에는 터를 지켜온 사람들과 터로 돌아와 가업을 이어가는 후손들이 살고 있다. 이방인이 들어와 터를 잡은 집도 몇 있고, 풍광이 좋아 식당과 찻집이 예닐곱 개나 된다.

이곳의 터전을 지키는 건 인간뿐만이 아니다. 무덤, 바위, 나무도 한몫을 한다. 매년 마을의 안녕과 풍년을 빌며 제를 올리는 밥무덤이 있고, 대표적인 바위로는 암수바위와 너럭바위, 거북바위가 있다. 터줏대감 같은 나무 몇 그루도 마을을 지킨다. 마을회관 옆에 선 상수리나무와 정류장으로 오르는 길가에 선 이팝나무, 방풍림 역할을 하는 느티나무도 있다.

 상상의 나래를 펴며 회상에 젖는다, 사소한 것 같지만 향수 어린 추억이 나를 달뜨게 하고, 영혼은 추억을 찾아 과거로 달려간다. 나는 십수 년 전 문단에 이름을 올렸다. 문학을 통해 예술과 자연의 아름다움에 눈이 뜨이고 새로운 것을 체험하는 시간을 갖는다. 터전인 고향에서 주어지는 이 시간을 온전히 나의 것으로 만들고 싶다. 내 삶이 곧 문학이기를 바라며.

푸른 축제

　마을을 품은 설흘산과 응봉산에 구름이 오고 간다. 응봉산 끝자락에 잇닿은 매봉산 꼭대기는 구름에 잠겨 보이지 않는다. 낮게 내려앉은 하늘에선 금방이라도 빗줄기를 뿌릴 듯하다. 회색빛 하늘과 싱그러운 오월의 산야가 대조를 이루며 골짜기에서 산바람이 불어온다. 마을 앞에는 대양으로 나가는 바다가 펼쳐져 있고, 산을 깎아 터를 잡은 사람들이 비탈에 기대어 생을 이어간다.

　음지 다랑논에 오랜만에 모를 심는다. 물꼬 틀기가 어려워 한동안 벼농사를 짓지 않았던 논이다. 논바닥이 대체로 작아 기계보다는 사람 손에 의존하는 땅이다. 벼농사를 지어봐야 인건비조차 건질 수 없는 터이니 유채와 코스모스를 심어 두고 보면서 즐겼다. 하지만 올해는 달랐다. 터를 지키는 사람들이 마음을 모았다. 문화재로 지정된 다랑논을 살리기 위해 음지 들녘에도 물을 대고 모를 심기로 했다. 일할 환경이 열악해도 터를 지키겠다는 사람들이 발 벗고 나섰다. 그들은 마을의 희망이요, 지킴이다.

이장님은 모내기에 동참하라며 며칠 전부터 방송했다. 청년·부녀회가 손발을 걷어붙이고 들로 나갔다. 청년회, 부녀회라 해봐야 대부분이 오륙십 대 중년층이다. 이양기가 들어갈 수 있는 논에는 기계로 모를 심고, 작은 논에는 부녀회원들이 손으로 모를 심기로 했다. 대부분 발품을 팔아야 농사를 지을 수 있는 터여서 일손이 귀하다. 마을에서 젊은 부부가 오십 대, 사십 대 말이다.

이곳에서는 다랑논을 달갱이, 다랭이논이라 부른다. 마을을 끼고 재와 골 팔구 부 능선까지 다랭이논이 등고선처럼 자리 잡고 있다. 무지개재로 가는 하늘배미도 오래전부터 묵정논이 되었다. 쌀이 흔해진 탓도 있겠지만, 마을과 먼 땅, 손이 갈 수 없는 일부 논은 언제부터인가 터의 기능을 잃었다. 모내기 며칠 전부터 마을 청년들이 분주하게 움직였다. 논에서 이른 아침부터 예초기 소리가 들려왔다. 오월인데도 날은 무더워 작업하는 사람들이 애를 먹었다.

이윽고 모내기 철. 마을의 축제가 시작되었다. 모를 심어도 걱정이 앞선다고 했다. 나락이 누렇게 익을 때까지 물 공급이 제대로 될 수 있을까 해서였다. 며칠 전 비가 제법 내렸지만, 가파른 개울을 타고 귀한 물이 바다로 흘러가 버렸다. 물꼬를 대기 어려운 논에는 양수기를 이용하여 논바닥을 적셨다. 예전부터 자연에만 의존했던 천수답이라 모내기가 시작되면 물이 귀했다.

　마을 양쪽에 개울이 있어 가천加川이라 이름 지었지만, 모내기가 시작되면 물은 황금보다 귀중했다. 봄 가뭄이 이어지면 농부들의 속은 바짝바짝 타들어 갔다. 그나마 다행인 건 선조들의 지혜로 만든 수문이 있었기 때문이다. 어떤 원리로도 해석할 수 없는 수문이 골마다 있어 각 논에 물을 댈 수 있었다. 해무 또한 한몫했다. 바다에서 오른 안개를 나무와 풀이 흡수하여 개울로 내보냈다. 곳곳에 박힌 돌이 물을 머금는 성질이 있고, 논바닥 밑으로 물이 흐르고 있어 가물어도 논이 마르진 않았다.

　쌀 한 톨이 귀했던 시절, 모내기가 시작되는 초하의 풍경은 한마디로 푸른 축제였다. 써레질해 놓은 논에 물이 찰방찰방 일렁이고, 햇살이 논바닥에 내려와 사금파리처럼 부서졌다. 먼 바다에서부터 불어온 바람이 층층 논둑으로 기어오르면 마을 사람들의 손길은 팔랑개비처럼 분주했다. 쟁기질로 논을 갈아엎어 모를 심었다. 제법 큰 논배미에서는 몇 마리의 소가 줄을 지어 쓰레질했다. 물 위를 질주하는 소와 "이랴, 이랴!" 하며 나아가는 농부의 함성은 산자락에 메아리쳤다. 소와 사람이 하나 된 모습을 보노라면 절로 탄성이 나왔다.

　논배미 이름도 생긴 대로였다. 삿갓배미, 하늘배미, 엉덩이배미, 장구배미, 천상배미······. 이름도 헤아릴 수 없는 108층의 논은 대부분이 다랑이다. 절벽을 개간하여 논이 허공에 떠 있는 것 같은 공중배미, 높은 지형을 개간하여 하늘로 날아갈 것 같은 하늘배미, 하늘만 보며 기우祈雨하는 천상배미, 벗어놓은 삿갓에 가려서 보이지 않는 삿갓배미. 이 모든 논은 소와 사람 손으로 경작했다. 큰 논배미가 아니면 못줄도 필요 없었다. 맨발로 이 논, 저 논을 휘젓고 다니며 눈대중으로 줄을 맞춰 모를 심었다. 논두렁은 비틀어져도 모내기는 바로 했고, 맨땅에 절하듯 허리 숙여 모를 심었다.

　모내기가 시작되면 엄마의 손은 더 바빠졌다. 웃골 논에 모를 심는 날이면 별미를 준비했다. 새벽에 일어나 오곡밥을 짓고 찬도 여느 때와는 달리했다. 아껴서 모아둔 계란을 풀어 가마솥에 찌고 해물을 잔뜩 넣어 정구지 부침개도 부쳤다. 학교 수업을 마치고 집에 오면 엄마가 준비해 놓은 음식을 광주리에 담아 이고 웃골로 갔다. 길은 좁고 울퉁불퉁. 발끝에 차이는 돌이 많아 걷기조차 힘들었다. 그런 환경에서 자라며 내 살과 뼈는 여물었다.

　논둑에는 초록 풀냄새가 일렁거렸다. 송홧가루 묻은 뻐꾸기 소리가 실바람에 실려 천수답으로 내려앉곤 했다. 산바람을 맞으며 찰밥을 먹노라면 수라상도 부럽지 않았다. 밥과 찬을 한입 가득 넣고 올려다본 오월의 하늘은 더없이 파랬다. 그때 먹었던 성찬은 지금도 남아서 잊히지 않는 것 중의 하나다.

　못줄 없이 심어진 모였지만 비뚤비뚤한 내 마음보다 발랐다. 물에 불어 터진 부모님의 발은 허옇게 변했고, 구릿빛 얼굴은 더 주름져 보였다. 봄볕에 탄 얼굴 너머로 가을이 보였다. 결실을 기다리는 얼굴에는 설렘이 논바닥에 찰랑대는 물처럼 넘쳐났다. 막걸리 한 사발을 새끼손가락으로 휙 저어 들이키며 흘리던 아버지의 미소는 가난도 아프지 않은 거라고 말하는 듯했다.

큰 논에 모내기할 때는 품앗이했다. 동네 아낙들이 바짓가랑이를 걷어붙이고 손을 나누었다. 모내기는 굽은 등짝과 허옇게 부르튼 맨발, 갈퀴 손가락으로 행해졌다. 축제는 모를 심는 것으로 끝나지 않았다. 사람과 생명, 자연이 함께하는 풍요로운 잔치였다. 땅 한 뼘이라도 귀한 이곳에서는 힘겨운 노동이 아니라 즐거움이 넘치는 축제였다.

심어 놓은 모는 저 혼자 자라지 않았다. 넉넉한 햇살, 물과 흙이 주는 영양분으로 성장했다. 자연의 선물을 받으며 자리를 잡고 여물어 갔다. 올챙이, 우렁이, 소금쟁이가 찾아와 친구가 되었다. 장마와 태풍을 이겨내고 알곡을 맺었다. 자연이 주는 선물과 농부가 쏟은 땀방울로 얻은 쌀 한 톨, 한 톨은 환경이 열악한 이곳에서 결코 소홀히 할 수 없는 양식이었다.

타향에 살아도 모내기철만 되면 고향 사진을 펼쳤다. 모내기 풍경이 눈앞에서 가물대고, 설흘산에 걸린 구름 한 점이 어서 오라며 손짓하는 듯했다. 그럴 때는 나도 영혼의 터에 모내기했다. 가을이면 여무는 벼처럼 내 영혼이 무르익길 바라며 문장을 심었다. 그러던 내가 고향에 들어와 살게 될 줄이야. 기억은 꿈을 만들고, 우연은 희망이 된다는 말이 있더니 나에게 꿈은 그런 거였다.

도시로 나갔다가 스물세 살에 고향으로 돌아온 주성 오빠는 이양기로 큰 배미에 모를 심고 있다. 다랭이논 전부에 모를 심는 게 꿈이었다며 싱글벙글하신다. 작은 논배미에는 부녀회원들이 손으로 모를 심고 있다. 느린 듯해도 손이 무섭다. 그 틈에 낀 나는 카메라를 들고 논두렁을 뛰어다녔다. 어떤 일이 있어도 터를 지키겠다는 사람들. 그들을 보노라면 아름답다 못해 애틋하다. 터를 지킨다는 의미는 존재가치를 뜻하는 말이며, 터는 마음의 의지처가 분명하기 때문이다.

흐린 하늘에서 보슬보슬 비가 내린다. 모내기는 원래 비 오는 날에 하는 거라며 시집와 여태 살고 계신 두순 숙모가 말을 잇는다. 비가 그치며 해님이 얼굴을 내민다. 이장 사모님이 새참을 머리에 이고 엉덩이를 흔들며 왔다. 모두 일손을 멈추고 논 가로 나왔다. 일곱 색깔 고명으로 말은 잔치국수의 맛이 일품이다. 논 가에 앉은 사람들이 마을에서 빚은 유자 막걸리 사발을 들고 건배를 외친다.

비가 그친 대지에 햇살이 내리고 매봉산에 머물던 구름도 사라졌다. 누군가가 시작한 노래 한 소절이 노동요처럼 이어진다. 응봉산에서 산비둘기 구구 울고 뻐꾸기가 합창하며 축제 분위기를 북돋운다. 푸른 축제가 열린 들녘에 찔레꽃향이 은은하게 번진다.

앞산

반쯤 눈을 감은 저녁이 오고 있다. 어둑한 산그림자는 점점 길어져 마을로 다가서고 수척해진 겨울 산은 짐승처럼 엎드린 채 말이 없다. 저 산을 보지 않고선 무슨 낙으로 살까. 어머니께서 즐겨 드시는 생선과 나물로 조반을 차려 앙증맞은 소반을 앞에 두고 마주 앉았다.

손 흔들지 않아도 가는 세월 앞에서 구순이 넘은 어머니. 마루에 앉은 어머니는 밥술을 뜨면서도 시선이 밖으로 향한다. 거동이 어려운 어머니는 유리 밖을 내다보는 것이 유일한 세상과의 소통이다. 마주 보이는 앞산과 골목으로 다니는 관광객, 마을 사람들의 움직임과 도로에 다니는 차량을 보는 것이 일과이다. 그중에서도 앞산을 보는 것이 가장 중대한 일. 어쩌면 그것은 지루한 하루를 죽이는 일이 아닐까 싶다.

숟가락을 놓고 해 질 무렵의 앞산에 맘을 빼앗긴다. 서둘러 저무는 겨울 해거름 속에 말없이 앞산만 바라보고 있다. 잠시 넋을 놓고 있으니 업둥이 녀석이 짖어댄다. 어머니는 아직 식사 중이시다. 모든 만물은 마음의 모양에 따라 보인다고 했으니, 앞산을 가만히 보고 있으면 어머니께서 왜 찬 겨울에도 종일 마루에 나와 계시는지 알 수 있다.

마루에 앉아 시선만 열면 앞산이 마음 안에 들어선다. 그리움이 점점 짙어지는 시각. 낮도 밤도 아닌 저녁 거미가 내릴 즈음이다. 골목 가득 들리던 여행객의 발소리가 사라지고, 새들도 하늘 높이 날아갔다 제 자리를 찾는 시간이다. 누군가는 떠나고 누군가는 돌아오는 때이다.

돌아올 사람 없는 마당에 뽀얀 먼지만 날린다. 어머니께서 고향 집을 떠나지 않으시려는 것도 어쩌면 저 산 때문인지 모른다. 어스름 속의 산그림자는 어찌 저리도 묵직한지……. 앞산이 늘 그 자리에서 마을을 지켜주기 때문일 것이다. 바람을 막아주고 풍경도 걸어주는 고마운 산. 사계절 풍경이 걸리는 앞산은 언제나 우리 집의 정원이며, 어머니 기억 속 영원한 풍경이다. 한때 아버지 소유의 산이기도 해서 부자 같았다.

땔감으로 방을 데우던 시절, 아버지는 가족을 데리고 앞산에 가서 나무를 베어왔다. 이고 지고 온 땔감은 가족의 겨울밤을 훈훈하게 했다. 그 후 소유자가 몇 번 바뀌었고, 지금은 누구의 소유인지 알 수 없다. 하지만 돈을 주지 않아도 눈으로 맘껏 소유할 수 있는 산이다. 나는 매일 침묵하며 자릴 지키는 앞산을 보며 성찰한다. 지금 있는 이 자리에 마음이 얼마만큼 담겨 있나, 라며 되묻기도 한다.

산은 가만히 있는데 풍경이 되는 날이 있다. 자연현상이 절로 풍경을 그려내기 때문이다. 어느 날에는 산자락에 부채처럼 걸린 구름을 선물 받기도 하고, 새벽녘에 눈썹 같은 초승달을 만나기도 한다. 시선을 약간 우측으로 돌리면 육조문이 있고, 여섯 부처의 얼굴 바위도 보여 경이롭다.

저 산이 없었더라면 얼마나 밋밋할까. 저 산이 떡 버티고 있어 마을이 존재한다. 맑은 날이나 색이 드러날 때는 산이 바로 앞에 다가왔고, 흐린 날은 희미하게 다가섰다. 비가 내리는 날이면 앞산 풍경은 장관이다. 마을과 앞산 사이에 흐르는 듯 내리는 빗줄기를 보고 있으면 놀라움을 금할 수가 없다. 또한 계절마다 색다른 풍경을 걸어준다.

바위틈에 참꽃 벌겋게 피는 봄이면 뻐꾸기 울어대고, 산 벚꽃 지고 연록이 돋아나면 엽서 속의 풍경 같다. 여름은 푸르러서 시원하고, 가을은 화려해서 곱디곱다. 여름날 푸른 옷을 입고 선 모습은 우직한 남성처럼 보인다. 가을날 짙푸른 하늘색이 펼쳐지는 새벽 정경은 시가 되고, 느티나무에 단풍이 들면 황홀하다. 겨울

날 짐승이 드러누운 듯 황량한 산은 들뜬 마음으로 봄을 기다리게 한다. 침묵하며 누워 있는 겨울 산 풍경을 보는 새벽은 혼자 보기가 아까울 만큼 생경하다.

철 따라 색깔이 바뀌는 산을 날마다 볼 수 있다는 사실이 감사할 따름이다. 앞산에 취한 것은 지금, 이 순간만이 아니다. 병풍처럼 펼쳐진 응봉산은 어릴 적 툇마루에 걸터앉아 자주 보곤 했다.

고향 집의 안채를 개조하기 전에는 툇마루가 있었다. 널빤지로 이은 툇마루에 앉아서 앞산 그림자를 보며 기다림을 배웠다. 몇 살쯤이었을까. 초등학교에 다닐 때부터 아궁이에 불을 지펴 밥하는 법을 배웠다. 일을 하러 들로 나가시던 어머니는 밥을 지어놓으라며 보리쌀을 건네줬다. 고사리손으로 아궁이에 불을 지펴 가마솥에 쌀을 안쳤다. 밥이 다 되면 마루에 앉아 한길을 바라보며 어머니를 기다렸다. 밭에 나간 어머니는 앞산 아래 어둠살이 내리면 마을 어귀로 들어섰다.

그때처럼 나는 지금 마루에 앉아서 해 질 무렵의 앞산을 보고 있다. 가시를 발라 어머니의 밥그릇에 생선 살을 올린다. 천천히 식사하시던 어머니께서 숟가락을 놓으시고 또 앞산을 보신다. 산그림자 어느새 사라지고 앞산 자락에 어둠이 내린다. 저러다 곧 마을도 어둠에 잠기고 밤이 자리를 펼치리라.

밥무덤

상수리나무 우듬지 끝에 달이 휘영청 떴다. 어둠살을 뚫고 나타난 시월 대보름달은 유독 둥글고 밝다. 밥무덤 앞에 병풍이 펼쳐지고 제를 준비한다. 그 양측엔 대나무를 세워 새끼줄을 치고 기원 담은 리본을 매달았다. 마을의 안녕과 풍요를 비는 동제洞祭가 시작된다. 부녀회에서 정성껏 준비한 햇곡식과 햇과일, 신선한 생선과 나물로 제상이 차려진다.

다랭이마을에서는 해마다 음력 시월 보름밤이면 밥무덤 앞에서 제를 올린다. 제삿밥을 얻어먹지 못하는 혼령에게 밥을 올려 풍작을 기원한다. 마을 골목에 모셔진 밥무덤은 부뚜막처럼 삼단으로 쌓은 돌탑 모양이다. 돌담 안에 공간을 만들어 제삿밥을 묻어두는 무덤으로 쓰고 있다. 바닥에 황토를 깔고 맨 위에는 둥근 덮개를 첩첩 얹어 놓은 감실 같다.

제를 올리기 전, 마을 뒷산 청결한 곳에서 채취한 황토로 교체

한다. 제주祭主는 마을에서 가장 정갈한 사람으로 선정한다. 아버지 생전에는 제를 주관하셨지만, 이번 동제는 이장님께서 제주가 되셨다. 마을을 대표하는 몇몇 분들이 제복祭服을 입고 예를 다한다. 마을을 위해 극진히 제를 올린 이장님은 메를 한지에 싸서 밥무덤에 묻고 둥근 돌로 눌러둔다. 풍요를 점지해 주는 땅의 신에게 밥을 올림으로써 풍요를 기원하는 염원을 담는다.

동제가 끝나자 모여든 마을 사람들이 징과 꽹과리를 치며 한바탕 흥을 돋운다. 동제를 모시는 날엔 마을 사람들이 두레방에 모여 제삿밥을 먹으며 단합한다. 한 해 농사를 정리하며 새해의 풍요를 발원한다.

해마다 밥무덤에서 동제가 행해지는 것은 열악한 환경 때문이다. 비탈진 산 아래 개간한 108층의 다랑논은 벼농사하는 터전이다. 벼농사에 필요한 물을 빗물에만 의존하는 논이라 땅 한 평도 소중하다. 반듯한 논 하나 제대로 없으니, 쌀은 절로 귀했다.

지금에야 쌀이 흔한 시절이 되었지만, 내가 성장할 땐 먹을 것이 귀했다. 마을 앞에 넓은 바다가 펼쳐져 있지만, 배 한 척 정박할 수 없어 의지할 곳은 논밭이었다. 논이라 해봐야 다랑논이 전부였으니 먹을 것은 주로 밭에서 수확한 보리와 고구마였다. 겨울철 양식이었던 고구마를 쟁여두는 광이 집마다 있을 정도로 고구마는 주식에 가까웠다.

쌀밥을 먹을 수 있는 유일한 날은 제사 때였다. 제삿날에 먹는 흰 고봉밥은 눈앞의 꿈이었다. 초저녁잠이 별스레 많았던 나에게는 그날 밤이 곤욕의 시간이었다. 자정이 되어야 제를 올렸기 때문이다. 쌀밥 한 그릇 얻어먹으려고 처지는 눈꺼풀을 얼마나 부여잡고 용을 썼던지. 지금 생각하면 웃음이 나온다.

집에서 밥할 때도 쌀은 한 줌 정도 씻어 보리쌀 가운데에 안쳤다. 가마솥의 밥이 뜸 들면 아버지 밥그릇과 장손인 남동생 밥그릇에 쌀밥을 푼 후 주걱으로 싹싹 섞어버렸다. 조금 남은 쌀밥은 꽁보리밥에 섞여 흔적조차 찾을 수 없었다. 아버지께서 밥이라도 남기는 날이면 철없는 여식들은 서로 먹으려고 눈치를 봤다.

부모님께서 농사지을 때는 결혼 후에도 쌀을 얻어먹었다. 벼 수확이 끝나면 보내주시거나 고향에 올 때마다 쌀 포대를 실어주었다. 산골짝 다랑논에서 재배한 쌀은 한 톨도 값졌다. 발품을 팔아 얻은 것이었기 때문이다. 그 노동의 가치를 어찌 쌀값으로 가늠할 수 있겠는가. 농사짓는 사람의 수고에 비하면 쌀값은 공으로 주는 대가에 불가하다. 피땀이 섞인 쌀을 먹으면서도 부모님의 노고를 생각 못 했던 것이 한이다.

다랭이마을의 환경은 여전히 열악하다. 지금도 다랑논에서 쌀을 수확하려면 땀을 쏟아야 한다. 농기구의 출입이 여전히 어렵고, 수고한 만큼의 대가를 얻을 수 없어 묵정논이 늘고 있다. 어렵사리 재배한 벼는 해풍과 태풍을 만나 작황이 부진하다.

  고향에 돌아와 첫가을을 맞았다. 올가을에는 유난히 비가 잦고, 태풍까지 지나가 결실을 앞둔 벼가 쓰러졌다. 결실의 계절이 되자, 쓰러진 벼를 거두어 실은 경운기가 골목을 오고 갔다. 깊은 가을 어느 날, 현관문이 열리더니 장곤 오빠네 숙모님이 다랑논에서 재배한 햅쌀을 가져와 마루에 내려놓았다. 알곡이 여물진 않았지만, 그 쌀로 여러 번 밥을 지어 어머니랑 먹었다.

  어느 시인은 사랑하는 이를 위해 제일 하고 싶은 일이 그가 먹는 밥을 짓는 일이라 했다. 살기 위해 사람들은 밥 한 그릇의 사슬에 매달려 목숨을 걸고, 밥 한 끼를 위해 가고 싶지 않은 길을 택하기도 한다. 몇 해 전, 나는 아버지를 잃은 큰 슬픔을 당하고도 꾸역꾸역 밥을 삼킨 불효를 범했다. 한땐, 친구 남편이 쌀 한 포대를 던져주고 가서 눈물겹던 적이 있었다. 외롭고 삶의 허기가 질 때 배고픔은 더했다.

  살아야겠다고, 슬픔 속에서도 밥을 씹어야 하는 생의 본능. 그 본능을 위해 예전에는 밥을 얻으러 다녔던 사람도 있었다. 외딴 이곳에도 탁발승과 걸인, 나병 환자가 밥을 얻으러 왔었다. 밥무덤에서 풍작을 기원하며 동제를 지내듯 밥은 곧 생명이며 사랑이다. 오죽했으면 세종대왕도 그런 말을 했을까. '백성은 나라의 근본이요, 밥은 백성의 하늘이다.'라고.

이팝나무와 너럭바위

까꾸막 골목을 오르니 절로 숨이 차다. 가쁜 숨을 달래며 골목을 오르다가 며칠 전에 뒷집 엄마께서 하시던 말씀이 떠올랐다.

"올해 윤사월이 들었다고?"

"네, 음력 사월이 두 번이나 들었어요."

"옛날 윤사월이 드는 해엔 모도 몬 살겠다고 난리였재. 그 슝년에 한 달을 꼬빡 더 살아내야 했응께. 꽁보리밥도 없어 해초를 캐 와서 먹거나 나무 뿌렁구나 이파리를 갈아 먹었어."라며 혀를 찼다.

가난과 흉년이 이어지던 시절, 윤사월이 들면 한 달은 더 견뎌야 곡식을 얻을 수 있었다. 이곳에서 보릿고개라는 말은 아마도 그 때 생겨난 말일 성싶다. 참담했던 그 시절을 회상하며 뒷집 엄마는 투정 부리듯 보채셨다.

숨을 고르며 공중에 시선을 돌리니 달아오른 햇살이 쌀밥 같은 꽃 위에 쏟아진다. 발걸음을 멈추고 마을의 터줏대감처럼 서 있는 이팝나무 아래 섰다. 가지 끝에 하얀 꽃이 수북하다. 꽃을 따다가 밥그릇에 담으면 뽀얀 쌀밥 같다 하여 지어진 이름이다. 하늘을 신처럼 받들고 선 이 나무는 언제 뿌리를 내렸을까. 마을 사람들은 어림잡아 수령이 삼백 년은 됐을 거라고 했다. 입하가 되자, 노목에도 순백의 꽃이 피었다.

버스 정류소로 가는 언덕길에 우뚝 선 이팝나무는 마을의 수호신 같다. 내가 소학교에 다닐 때도 나무는 크고 잎이 무성했다. 마을 사람들은 깨동나무라고 부르지만, 수년 전 고향을 찾았을 때 꽃이 핀 걸 보고 이팝나무인 걸 알았다. 오래전, 쌀밥 같은 꽃이 피면 마을 사람들은 화전놀이를 했다. 그때 모이는 장소가 이팝나무 아래였다. 음식과 술을 장만하여 나무 아래에서 한바탕 놀았다.

삼동이 가고 봄바람 불면 산과 들에 새싹 돋고 꽃들이 피어났다. 추위가 물러나고 대지에 봄볕이 내리면 농부들의 발걸음이 빨라졌다. 한해의 농사가 시작되기 때문이었다. 거칠고 험한 토지이지만, 조상들은 고된 농사일을 유쾌히 했다. 그래서 일손을 돋우는 흥겨운 화전놀이는 봄에 이루어졌다.

화전놀이란 꽃놀이를 하러 가서 진달래 꽃잎을 따다 지글지글 맛있는 부침개를 만들어 먹었다는 데서 유래했다. 화전이란 말 그대로 꽃부침개라는 뜻이다. 하나 이곳에서의 화전놀이는 마을사람들이 모여서 일 년 동안 쌓인 묵은 감정을 털어버리고 화합하는 자리였다. 몸을 품으로 살아야 하는 마을 사람들이 하루를 멋지게 보내는 날이었다. 그날이 되면 마을 사람들은 한껏 들뜨곤 했다.

그날 하루는 일복을 벗었다. 농사만 짓던 사람들이 가장 멋을 내는 날이었다. 집집의 아낙들은 꽃단장하고, 남정네들도 양복을 멋지게 차려입었다. 외출복이라 해봐야 한복이 전부였던 시절. 아낙들은 고운 치마와 저고리를 입었다. 몸단장한 아낙들은 얼굴에도 화사한 웃음이 가득했다.

한껏 차려 입은 마을 사람들은 이팝나무 아래로 모여들었다. 맛난 음식을 차려서 먹고, '에야~디야!' 노래하며 덩실덩실 어깨춤을 추었다. 노래 장단에 맞춰 장고소리가 종일토록 울려 퍼졌다. 흥을 돋우어 아리랑을 부르며 동네 한 바퀴를 돌았다. 그 뒤를 아이들은 꼬리를 물고 줄을 이었다. 마을 사람들은 수려해진 경치도 즐기고, 꽹과리와 장구를 치며 흥을 돋우는 놀이를 통해 힘든 농사일도 즐겁게 할 수 있었다.

이팝나무는 매운바람 부는 지난겨울에 빈 몸을 한 채 말없이 서 있었다. 오랜 세월 그 자릴 묵묵히 지킨 나무지만 겨울날 다 벗고 나니 참혹했다. 꺾인 가지가 보이고 옹이도 드러났다. 그러던 나무가 봄이 깊어지자, 잎을 달고 하얀 꽃을 피웠다.

쌀밥같이 핀 꽃을 보니 선조들의 지혜가 엿보였다. 가난한 시절, 얼마나 쌀이 귀했으면 이 나무를 심어 풍년을 기약했을까. 나무에 얽힌 정서가 애잔함을 불러온다. 이팝나무는 척박한 환경, 한 톨의 쌀마저 귀했던 이 마을과 진정 어우러진다.

이팝나무 꽃을 자세히 살펴보면 가느다랗게 네 갈래로 나누어지는데 꽃잎 하나하나가 갓 지어낸 쌀밥 같다. 꽃이 많이 피고 오래가는 정도에 따라 한 해 농사를 예측했다는 상스러운 나무다. 조상들은 모내기 무렵에 이팝나무꽃이 풍성하게 피면 풍년, 빈약하게 피면 흉년이 온다고 점치기도 했다.

풍년이 들기 위해서는 못자리부터 잘 되어야 하는데, 못자리 육묘의 성패는 이 시기의 기후에 따라 좌우되었다. 천수답인 이곳은 모내기철이 되면 비가 넉넉하게 오길 기원한다. 비가 충분히 내리고, 볍씨가 싹트기 좋은 날씨여야 풍년을 기대할 수 있다, 이팝나무 꽃도 이와 유사한 개화 습성을 갖고 있다는 게 신기하다.

이팝나무 바로 아래에는 큰 너럭바위가 있다. 자연산 너럭바위에는 이팝나무가 그늘을 드리운다. 추억 한 자락을 떠올리며 너럭바위에 올라가 퍼질러 앉았다. 고향에는 특별한 추억이나 삶의 흔적이 머문다. 에둘러 돌아온 고향에서 나는 자연이 허락한 대로 겸허하게 지금의 시간을 누리고 있다.

그늘에 앉아 있으니 조상들의 지혜가 엿보인다. 이 너럭바위는 너무 커서 옮겨온 것은 아닐 터이다. 한데 이팝나무가 만드는 그늘과 바위는 절묘하게 어울린다. 너럭바위에 앉아 다랑논을 바라보니 거친 터전을 일구었던 선조들의 애환이 갯바닥처럼 질펀하다. 바닷가 언덕을 층층이 일구어 터를 만들고 자손을 이어왔으니 그 공은 고된 노동의 산물이다.

이팝나무와 공존하는 너럭바위 상단은 울퉁불퉁한 면은 있지만, 사람이 몇 앉을 정도로 평평하다. 소학교에 다니던 여름날, 이 바위에 둘러앉아 소꿉친구들과 공기놀이했다. 둥글게 앉아 놀이하던 그 시절이 떠올라 손을 만지작댄다. 그 무더운 여름날에 폭포수처럼 쏟아지던 햇살을 막아주던 나무가 이팝나무였다. 나무가 만들어준 그늘에서 놀다가 오후 세 시가 되면 재에 풀어놓은 소를 몰아 산으로 올라갔다.

쌀밥 같은 꽃이 만발하니 옛 친구들을 불러 모아 공기놀이를 하고 싶다. 언제였던가? 대구에 사는 어느 작가가 이곳 너럭바위에 앉아 내 생각을 한다며 통화한 적이 있었다. 소식 뜸한 그녀의 안부가 궁금해지는 오월. 올해는 유난히 꽃이 무성하니 풍년이 들 것 같다. 다랭이논의 풍성한 가을을 기대하며 하얀 고봉밥의 추억을 부른다.

소치섬과 매봉산

깜빡깜빡…….

수평선이 가로지른 바다 위의 섬에서 등대가 깜빡거린다. 희붐한 새벽, 산책길 위에서 만난 풍경이다. 어둠에 잠겼던 바다가 깨어나자, 깜빡이던 등댓불이 사라지고 붉은 여명이 드리운다. 깍깍대는 꿩 울음소리로 먼동이 터온다. 동쪽 바다 위로 붉은 해가 떠오른다.

날마다 뜨는 해 모양도 그날의 기후에 따라 다르다. 남해에서 수평선을 보기란 좀체 쉽지 않다. 하나 고향 마을에서는 넓게 펼쳐진 수평선을 볼 수 있다. 수평선이 펼쳐진 마을 앞바다만 보면 우주 속에 머무는 것 같다.

아침 바다 위에 섬 하나가 솟아 있다. 망망대해에 홀로 떠 있는 섬이다. 섬은 본래 바다 위로 솟은 산을 말한다. 하지만 그곳은 산이라기보다 바다 위에 장식한 하나의 소품 같다. 저 섬이 존재하지 않는다면 바다는 얼마나 밋밋할까. 문학에 눈뜰 무렵, 나는 하얀 등대가 있는 그 돌섬을 꿈꾸는 섬이라고 불렀다. 고향 하면 가장 먼저 떠오르는 심상이었다.

반짝이는 윤슬 너머로 보이는 그 섬은 예나 지금이나 희망을 안겨준다. 그 섬의 하얀 등대는 수평선 넘어 대양에서 드나드는 뱃길을 밝혀주는 빛이기 때문이다. 누구는 그 섬을 고깔모자 같다 했고, 또 다른 이는 거북을 닮았다고 했다. 내가 줄곧 거북섬이라 불렀던 그곳은 마을 앞 동쪽 바다 위에 있는 소치섬이다. 특이하게도 섬은 그대로 있는데 보는 곳에 따라 거북이, 붓, 고깔모자, 작은 꿩으로 보인다. 이름이 하도 많아 사람들의 꿈이 되기도 하고, 상상의 섬이 되기도 했다.

망망대해에 뜬 작은 섬은 유년 시절 동경의 대상이었다. 흰머리 희끗희끗 핀 중년이 된 지금도 고향 언덕에 서면 아득한 꿈을 그리게 하는 피사체다. 그 섬엔 쉬이 범접할 수 없어 더한 그리움을 자아낸다. 보얀 해무에 섬이 사라지면 길 잃은 물새들이 울음을 물고 뭍으로, 뭍으로 날아왔다.

산과 바다가 함께하는 다랭이마을. 마을 앞에는 바다가 있고, 산이 마을을 에두르고 있다. 매봉산. 응봉산, 설흘산은 마을을 지키고 있는 터줏대감들이다. 설흘산이 마을 뒤에서 자리를 틀고 있다면, 매봉산은 마을 옆 계곡 끝에 터를 잡고 있다. 설흘산이 어머니를 닮은 산이라면 매봉산은 아버지, 봉우리가 여럿인 응봉산은 마을을 지키는 형제들이 아닐까 하는 상상을 한다.

소치小雉는 작은 꿩을 상징한다. 바다 위에 작은 꿩이 웅크리고 있는 소치섬이 있다면, 마을 응봉산 자락 끝에는 매봉산이 있다. 멀리서 매봉산을 바라보면 매 한 마리가 날개를 펼치고 있는 듯하다. 들도 산도 아닌 바다 위에 꿩이 있는 이유가 있다. 언제든 먹잇감이 될 꿩이 앞 바다에 있으니, 매봉산이 존재하는 것이 아닐까. 산에서 바다를 내려다보면 풍랑이 어느 정도인지 알 수 있다.

깊은 계곡 끝에 매가 날개를 펼치듯 자리한 매봉산은 기세등등하다. 매의 기상 때문이다. 부릅뜬 매의 눈은 바다로 향해 있고, 언제든 날아오를 기세다. 먹잇감이 필요하면 매는 소치섬을 향해 날기만 하면 된다. 소치섬과 매봉산은 먹이 사슬과 같은 모습을 보여주는 듯하다. 그래서 척박한 환경 속에서도 이곳 사람들이 살아갈 수 있는 것일 테다.

햇살이 퍼지지 않은 시각, 바다 위에는 대양을 지나는 유조선이 불을 환하게 밝히고 있다. 아파트처럼 밝힌 등불이 바다 위에 환하다. 저 큰 배들의 길잡이가 되어주는 하얀 등대. 하얀 등대가 있는 소치섬은 모두의 꿈이며 그리움이다. 가난했지만 열정이 있어 존재 이유를 느꼈던 순간처럼, 이제는 갈 수 있는 곳보다 갈 수 없는 곳에 대한 그리움을 선물 받았으니 미쁘기 그지없다.

거북바위

거북바위에 가을이 내려와 붉다. 잘 익은 고추가 나체를 드러낸 채 몸을 말리고 있다. 저 가을 속에는 동승 오빠의 땀과 정성, 햇볕과 시간이 들어 있다. 여름날 땡볕을 이겨내며 논으로 오간 노고가 담겨 있고, 넉넉한 해바라기 언니의 마음이 녹아든 산물이다.

해바라기맛집 마당에는 거북이 한 마리가 살고 있다. 어마어마한 크기의 거북이가 마당 한가운데서 바다를 바라보고 있다. 거북을 빼닮은 바위이다. 오래전, 그 바위가 있던 집을 대수네라고 불렀다. 그 집엔 아들이 많았다. 그 많던 아들과 주인은 어디로 사라지고 남의 터가 되었을까. 객지로 나갔던 동승 오빠 내외가 고향으로 들어와 그 터를 마련한 지 수년째다.

거북바위를 볼 때마다 묵직한 기운을 느낀다. 어쩌다가 바다거북이 여기까지 올라왔을까. 무엇을 위해 저렇게 침묵하고 있는 것일까. 머리가 바다로 향해 있는 거북은 큰 바다로 나가기 위해 때를 기다리고 있는 듯하다. 상상의 나래를 펴며 마을 뒷산인 설흘산을 올려다본다.

거북의 꿈은 무엇일까? 꿈꾸는 거북이가 나에게 말을 거는 듯하다.

'나는 바다거북이에요. 사오백 년 전, 이 마을이 터를 잡을 때 하늘에서 내려왔어요. 설흘산 정상에 내려온 나는 양기 성한 이곳에 자리를 잡았지요. 난 몸집이 어마어마해서 아무도 옮길 수 없어요. 오직 나의 뜻으로만 움직일 수 있지요. 등이 집채만 한 나는 무엇이든 받아줄 수 있어요. 예전에 이 집에서 태어난 아이들은 내 등을 타고 대양으로 나아가는 꿈을 꾸었지요. 지금도 이곳을 찾는 아이들이 내 등에 올라와 재롱을 부려요. 예쁜 소녀가 내 등에서 발레하고, 사내아이들은 씨름판을 벌이지요. 장수와 지혜, 재물과 점복을 상징하는 내가 왜 여기에 있냐고요? 나는 꿈이 있어요. 응봉산 육조문으로 들어올 미륵을 기다려요. 미륵보살님이 이 마을에 들어와 중생을 구제하길 기다리는 중이에요. 열악한 환경의 마을 사람들이 만사태평해지면 더 큰 바다로 나갈 거예요. 대양으로 나가기 위해 꿈을 꾸고 있어요. 꿈이 없다고 생각하면 슬퍼요. 이곳을 찾은 당신의 꿈은 무엇인가요?'

거북이가 있는 곳은 햇살이 잘 드는 공간이다. 아침이면 햇살이 잘 드는 이 식당 이름은 '해바라기맛집'이다. 인상이 선선한 여주인의 별명을 따서 지은 식당이다. 손끝에서 전해지는 맛깔난 요리는 누구도 흉내 낼 수 없다. 해바라기처럼 언니는 손님에게도 방긋방긋 웃으며 친절하다. 맛도 맛이지만, 인심이 후해서 다녀간 손님들은 다시 찾아온다. 신기한 것은 아이들이 바위에 올라가서 놀아도 거북은 순순히 받아준다는 것이다.

거북은 우리 민족에게 매우 상징적이며 상서로운 동물로 사랑받아 왔다. 특히 장수의 동물로 여겨졌고, 십장생의 하나로 널리 그려졌다. 미래를 미리 알려주기도 하고, 신의 뜻을 전달해 주기도 하여 지혜로운 동물이라 불리었다. 그뿐만 아니라 거북이는 재물 복을 갖게 하는 영물이다. 오랜 옛날부터 점복의 상징으로 널리 사용되어 왔는데 지금도 널리 통용되고 있다.

어쩌면 벽지촌인 이곳에 관광객이 찾아들고, 여기가 문화재로 지정된 것에는 이 거북도 한몫했겠다고 생각한다. 객지로 나갔던 자식들이 돌아와 다시 터를 잡게 된 것도 이 거북 때문이 아닐까. 거북은 이 집뿐만 아니라 마을에 큰 재물이나 행운을 안겨줄 것이라 믿는다.

머리를 바다로 향하고 있는 거북은 이 마을의 풍요를 위해 미륵을 기다리고 있는지 모른다. 육조문을 넘어 미륵이 와 고통에 허덕이는 중생을 구제하고 난 후 바다로 가게 될 것이리라. 거북의 꿈이 이루어져, 지혜롭고 보은을 행하는 사람들로 넘쳐나는 마을이 되었으면 하는 것이 나의 바람이다.

새미

첨벙!

마을 샘에 두레박을 부린다. 두레박이 물 표면에 닿자, 샘물이 찰방대며 원을 그린다. 물방울 튕기며 동심원을 그리는 이 샘은 마을 아랫모의 식수였다. 이끼 낀 돌팍에 부딪히는 두레박 소리가 흑백의 추억을 부른다. 오래된 시절을 품고 있는 샘. 그 속엔 옛 시절의 이야기가 찰랑댄다.

두레박 속엔 비스듬히 드는 오후의 햇살과 담쟁이 잎 하나가 떠 있다. 집집이 수도가 들어서면서 샘은 사용하지 않지만, 아직도 샘터에서 물이 나온다. 샘물이 마를 새 없이 나오지만, 가뭄이 연잇거나 사용량이 많을 때는 바닥이 드러나기도 했다. 그럴 땐 밑바닥까지 드러낸 샘에 물이 고이기를 기다렸다가 두레박으로 바닥을 긁어 물을 퍼 올렸다. 그런 시절을 뒤로 하고, 이젠 누구도 두레박을 던지러 오지 않는다. 샘을 이용하지 않아 바닥은

물로 가득하다.

　마을에는 샘이 둘 있다. 아랫모 샘과 웃모 샘이다. 두 새미는 상수도가 들어오기 전에 마을 사람들의 식수였다. 아랫모 새미는 마을 반을 사이에 두고 아래쪽에 있는 것을 말하고, 웃모 새미는 마을 위쪽 사람들이 사용했던 것이었다.

　예전에는 샘물이 귀했다. 마을 위아래에 샘이 있었지만, 여름날 시원한 물 한 바가지 얻기 위해 줄을 서곤 했다. 그래서 물이 많이 드는 빨래는 개울가에서 했다. 새미에서는 식수를 거두거나 먹을거리를 씻을 때 사용했다. 새벽과 저녁 무렵에는 사람들의 발길이 잦았다.

　나는 유년 시절부터 새벽을 좋아했다. 내 유년의 새벽은 어머니가 여는 정지문 소리로 시작되었다. 이른 새벽, 삐걱하고 소리 내는 어머니의 정지문 여는 소리는 수탉 울음소리보다 먼저 났다. 그 소리에 깨어난 나는 자리를 털고 일어나 보리쌀이 담긴 앉은뱅이 항아리를 이고 샘으로 가는 어머니의 치맛자락에 찰싹 붙었다.

　동이 트지 않은 골목길이라 어둑했다. 이웃집 텃밭에 선 수숫대가 기우는 달빛에 그림자를 드리우고, 노란 호박꽃이 서서히 입을 벌리기 시작하면 아낙들은 어둠을 풀고 새미로 갔다. 보름달이 응봉산을 넘지 않은 새벽이면 백야처럼 골목이 환했다.

　어머니를 닮았는지 나는 어릴 적부터 새벽잠이 없었다. 어머니의 치맛자락을 잡고 동네 샘가로 가면 동네 아주머니들은 한 마디씩 던졌다.

"니는, 아가 참 잠도 없다." 그때 머리에 이고 다녔던 앉은뱅이 항아리에는 새미 물처럼 어머니의 바쁜 삶이 출렁거렸다.

새미는 마을의 하루를 열었다. 보리쌀을 씻으러 나오는 아낙들의 발걸음 소리가 희붐한 아침을 깨웠다. 샘가에 모인 아낙들의 수다로 하루가 시작되었고, 어머니의 치맛자락에 매달려 새미에 간 나는 팔을 괴고서 우물가 아침 풍경을 가슴에 담으며 자랐다. 두레박으로 물을 퍼 올린 아낙들은 앉은뱅이 항아리에 든 보리쌀을 뽀얀 뜨물이 나올 때까지 손으로 문질렀다.

새미에는 새벽에 아낙들이 모이고, 저녁나절엔 아이들이 몰려들었다. 아이들은 저녁상에 올릴 물을 길으러 왔다. 갈증의 계절 여름이면 샘물도 귀했다. 옴팍한 샘 바닥에 물이 한 바가지 고이기도 전에 두레박으로 부려 주전자에 담아 집으로 왔다. 식구들은 마당 평상에 앉아 시원한 물 한 사발로 낮에 오른 열기를 식히며 저녁을 먹었다. 평상에서의 정답던 저녁시간은 지금도 잊을 수 없다.

세월이 흐르면서 샘물로는 생활하기 불편해 마을 상수도를 만들었다. 목수였던 아버지는 마을 안길을 파서 수도관을 묻고, 샘 대신 마을 위아래에 물탱크를 만들었다. 그러다 집마다 배관을 묻어 물이 들어가도록 했다. 집집이 물이 들어가자, 집 옆 물탱크를 아버지께서 사서 소 마구간으로 사용하다가 지금은 우리 집 주차장이 되었다.

   나는 새벽녘에 샘터로 가던 습관이 배 지금도 새벽의 경치를 맘껏 안을 수 있는 행운을 얻고 산다. 이른 아침, 샘가에 서서 두레박에 출렁이는 추억을 회상하며 그때의 소녀처럼 빙긋 웃곤 한다. 두레박이 있던 동네 샘가의 새벽 풍경은 가슴에 깊이 남아 잊지 못하는 풍경 중의 하나가 되었다.

미륵은 언제

응봉산은 병풍같이 마을을 에두르고 있다. 산자락의 육조문에 뭉게구름이 한 무더기 피어오른다. 마치 미륵의 형상 같다. 미륵이 오기 전날이라도 되는 듯, 어젯밤엔 비바람이 몰아쳤다. 그 소리는 온 마을을 삼킬 듯 매서웠다. 마을 앞바다에서 거센 비바람이 몰려올 때는 몸서리를 칠 지경이다.

육조문은 응봉산 능선에 걸쳐진 여섯 개의 바위를 칭한다. 자세히 보면 큰 바위 얼굴 형상을 하고 있어 미륵으로 본다. 옛날에 미륵신과 선조들이 이곳을 넘어 마을로 들어왔다는 이야기가 전해진다. 육조문은 여섯 명의 부처가 승천한 장소라고 구전되고 있다. 마을에 들어온 미륵으로 인해 극락정토가 이뤄졌다는 전설이 있다. 육조문 안쪽 마을 방향이 내세, 극락정토를 의미한다는 이야기도 들었다.

마을에 있는 육조문과 암수미륵바위, 선돌바위엔 전설이 깃들어 있다. 육조문에는 미륵의 얼굴이 새겨져 있고, 논 자락에 있는 암수바위가 생식기에 해당한다. 마을 끝 양쪽 해안에는 두 개의 선돌바위가 있다. 작은 선돌바위는 인체의 양발을 닮았다. 그 바위들이 더해 자연 지형지물이 하나의 미륵 형상을 갖추고 있다. 또한 해안에는 두 개의 웅장한 바위가 있다. 그것은 마치 미륵을 지키는 장군 같다. 마을 108층 계단의 다랑논도 백팔번뇌라는 불교적 의미를 담고 있어 의미심장하다. 전해지는 전설과 구전을 한데 모아 합해보면 이 마을은 미륵이 만든 극락정토라 해도 과언이 아니리라.

오래전, 육조 스님이 응봉산에 사찰을 세우려고 하다가 끝내 짓지 못했다는 이야기가 전해진다. 매봉산과 잇닿은 응봉산 자락은 기가 세서 절을 세울 수 없었단다. 하나 육조 스님은 언젠가는 응봉산에 절이 세워질 것이고, 만일 그렇게 된다면 대선사가 배출될 것이라 예언했다.

미륵불은 희망의 신앙이다. 대승불교의 대표적 보살 가운데 하나인 미륵은 중생을 구제할 미래의 부처이다. 부처는 지혜의 완성자이고, 보살은 지혜의 완성으로 가고 있거나 중생 구제를 위해 부처의 자리를 잠시 유보해 놓고 있는 이를 말한다. 미륵은 친구를 의미하며 본래의 뜻은 구원의 부처이다. 언젠가는 배출될 대선사, 구원의 부처를 기다리며 나는 시나브로 마음을 모은다.

암수미륵바위에도 불교적 영험함이 담긴 이야기가 전해진다. 암수바위는 민간신앙으로 숭배되는 자연석 바위이다. 바위라기보다 미륵이라고 해야 맞을 것이다. 마을 사람들은 이 암수바위를 미륵으로 승화시켜 수 미륵, 암 미륵이라 부른다.

널리 알려진 이야기이지만, 암수미륵바위는 조선 영조 27년에 발견되었다. 당시 고을 현령 조광진의 꿈에 한 노인이 나타나 "내가 가천에 묻혀 있는데 우마의 통행이 잦아 일신이 불편해 견디기 어려우니 나를 일으켜 주면 필시 좋은 일이 있을 것이다."라고 말했다. 고을 현령은 현몽을 믿고 꿈에서 본 땅을 파보니 암수바위가 나타났다. 암 미륵은 누운 그대로 두고 수 미륵만 현재의 위치에 일으켜 세운 뒤 논 다섯 마지기를 헌납한 후 미륵불로 봉안했다.

발기한 남성의 성기를 닮은 수 바위는 높이가 5.9m로 하늘을 찌를 듯이 우뚝 솟아 있다. 무거운 몸을 논 언저리에 기댄 4.9m의 암 바위는 아기를 잉태한 여인처럼 배가 불러 있다. 암 미륵의 달이 차면 양수가 터져 고단한 삶을 극락으로 이끌 분이 도래하는 날이 온다고 마을 사람들은 믿고 있다. 그날 하늘에는 쌍무지개가 걸릴 것이라는 예언까지 전해지는 기묘한 바위이다.

한땐 아이를 낳지 못하는 여인들이 수 바위 아래에서 치성을 드리면 옥동자를 얻는다고 소문이 파다했다. 그 소문을 흘려들은 여인들이 도처에서 다녀가기도 했다. 다랭이논에 가을걷이가 끝나는 음력 시월 스무사흘이면 두 미륵 앞에서 풍농과 풍어를 비는 제를 올린다. 제사에 정성이 부족하면 마을에 흉사가 난다고 믿어 마을 대표 몇이 치성을 드린다.

그렇다면 미륵은 언제?

어쩌면 중생을 구제할 미륵은 이미 다녀갔는지도 모른다. 천혜의 경관을 품고 있는 마을이 십수 년 전에 명승지로 지정되어 마을 사람들은 생을 이어가고 있다. 명승지가 되자, 관광객이 찾아들어 마을 사람들의 생활이 나아졌다. 시금치와 쑥 한 줌, 파 한 뿌리를 팔아도 돈이 되고, 어느 땐 숙소가 없을 정도로 관광객이 넘쳐났다. 고향을 떠났다 다시 돌아와 터를 지키는 후손들도 있다.

마루에 앉아 조반을 먹던 난 마음의 문을 열어놓고 또다시 육조문으로 들어설 미륵을 기다린다. 문을 열어주는 사람에게는 언제나 기다림이 존재하기 때문이다.

2

차경 借景

차경借景

마을은 며칠째 해무에 잠겼다 나타났다 했다. 해무가 낀 날에는 모든 길을 지웠다. 올해는 장마가 유달리 길다. 그나마 다행인 건 주야장천 비가 내리는 게 아니라, 하루 이틀 쏟아지면 이틀은 햇볕이 쨍쨍하다. 오전 내내 바다 빛이 회색이더니 하오 세 시가 되자 빗방울이 떨어지기 시작한다. 풍경은 고독한 사람의 내면이 빚어내는 선물 같은 것. 설흘재에 홀로 앉아 풍경을 빌려온다.

장맛비가 공중을 긋는다. 비가 수직으로 내리는 게 아니라 바람 따라 비스듬히 흐른다. 수직의 삶을 고집하는 비도 이곳에선 사선일 때가 많다. 한두 방울 떨어지던 빗방울이 우두둑……. 마당을 흠뻑 적신다. 대밭에서 청개구리가 슬픈 합창을 한다. 배경으로 빗소리를 그려놓는다. 텃밭 윗집 울타리에 널린 이불이 젖고 있다. 달려가서 걷어줄까? 그 생각을 하는 사이 석봉이 엄마가 다리를 절룩이며 마당으로 나와 이불을 걷어 들인다.

앞집 뜰 감나무가 허공에 몸을 기대 서 있다. 가지에 주렁주렁 매달린 아기 감이 몸을 키우는 중이다. 그 아래에 핀 수국이 탐스러움을 과시하며 한껏 뽐을 낸다. 수국 꽃그늘에서 낮잠을 즐기던 고양이 가족은 비를 피해 우리 집 창고로 들었다.

꼭 눈에 보여야만 풍경을 들이는 건 아니다. 보이지 않는 풍경을 마음으로 빌릴 수도 있다. 탈탈탈……. 갑자기 골목이 소란하다. 논일하던 큰집 오빠가 비를 피해 집으로 가고 있다. 여느 날보다 경운기 소리가 요란하다. 그 사이 마당에 빗물이 흥건하고 청개구리 울음소리가 사라졌다. 청개구리의 엄마 무덤은 무사할까.

마당 가장자리에 둔 고무대야에 심은 고추가 주렁주렁하다. 풍년이다. 한 그루에 고추가 무려 스물다섯 개나 달렸다. 어느새 붉게 익은 고추도 있다. 며칠 전, 지나가던 앞집 삼촌이 "모녀 반찬 양념으로는 충분하겠네." 그러시며 웃음을 쳤다. 뒷집 엄마도 "거짓말을 안 하는 것들이라 많이도 열렸네." 하시던 게 생각나 입꼬리가 귀에 가 걸린다.

방긋방긋 웃던 해바라기 꽃이 시들고 씨를 품은 꽃봉오리가 고개를 숙이고 있다. 씨가 여물면 종자를 앞집 숙모와 나누기로 했다. 셋째 언니 생각이 나 늦봄에 분꽃나무를 심었더니 영역을 넓혀가고 있다. 별명이 이쁜이었던 언니. 얼굴도 예뻤지만, 예쁜 짓까지 해서 아버지의 사랑을 독차지했다. 오후 네 시쯤 피어 아침 햇살이 번지면 지는 꽃. 분꽃이 피는 밤이면 별이 내려와 핀 것처럼 마당이 환해지리라. 절구통 옆에 핀 봉숭아가 연분홍 옷을 입은 채 방실방실 웃고, 노란 꽃망울 품은 국화가 가을을 기다린다.

미닫이문을 활짝 열자, 설흘산이 해무에 잠겨 보이지 않는다. 집 뒤 언덕 위에 선 상수리나무는 이까짓 비쯤이야 하며 의연하다. 마음속에 있는 옛 풍경도 들여온다.

이 사랑방은 아버지, 어머니께서 한창 일하실 때 수확한 농산물을 다듬던 곳이며 광으로도 썼다. 고추, 마늘, 깨, 콩 등 농산물을 여기에서 손질했고 마당에서 탈곡한 알곡을 보관하던 뒤주도 있었다. 어느 해 여름, 휴가차 고향에 왔다가 널려 있는 새빨간 고추를 보고 눈시울을 붉혔다. 환경이 열악한 이곳에서 농사짓기란 고추보다 맵기 때문이었다.

오후 세 시, 한가함의 극치다. 마을 골목에서 나던 여행객의 발소리도 사라졌다. 풍경에 노래까지 더한다. 가수 이미자 선생님의 인생을 그려낸 노래다. 선율에 빠져드니 〈노래는 나의 인생〉이라는 가사가 '문학은 나의 인생'으로 둔갑한다. 예술인의 길은 외롭고 쓸쓸하다. 아랫집 담을 타고 오르는 담쟁이와 같은 길이다. 넘을 수 없는 벽이라 해도 담쟁이는 말없이 벽을 오른다. 서두르지 않고 앞으로, 앞으로만 나아간다. 예술가의 길도 그러하다.

그리하여 넘을 수 없는 벽을 결국 넘어서는 것이 예인의 길이다.

응봉산으로 해무가 무리 지어 기어오른다. 한 치도 물러서지 않을 태세로 오르더니 매봉산까지 덮는다. 처마 아래로 낙숫물이 떨어진다. 사랑채에 동그마니 앉아 내리는 비를 보며 소릴 담는다. '뻐꾹, 뻐꾹 뻐~뻐꾹!' 앞산에서 나는 뻐꾸기의 울음소리도 젖었다. 뻐꾸기 소리를 들으니 고향에서 머무는 게 실감이 난다. 종일 마루에 앉아 밖을 보시던 어머니도 안방으로 드셨다.

휴대폰이 진동하며 사진 한 장이 날아든다. 내 작품을 읽다가 나의 웃는 모습이 떠올랐다며 보내준 사진이다. 이틀 전, 문학의 섬 탐방에 나섰다가 환하게 웃는 내 모습을 담은 것 같다. 인문학 강좌에서 인연이 닿은 분이다. 나와의 만남이 소중하다며 말을 걸어왔다. 큰언니보다 나이가 많은 분이니 일흔이 넘었다. 내가 더 감사하다며 답을 했다. 이럴 땐 사람도 풍경이 된다.

회색빛 바다와 하늘의 경계가 없다. 고향 풍경을 들이는 걸 얼마나 할 수 있을까. 어머니를 봉양하러 고향으로 온 지 이태가 되었다. 길어도 삼 년이라 생각했는데 아직 답을 못 찾고 있다. 가족이 있는 집에 간 지 오래. 코로나바이러스 탓도 있지만, 어머니 홀로 두고 가는 걸 마음이 허락하지 않기 때문이다. 적적함이 극에 달하면 가족이 있는 곳으로 가야지 하면서도 어머니 생각만 하면 강단을 내리지 못한다. 이런 풍경이라도 들이지 못한다면 하루가 백 년 같으리라.

　벽에 걸린 괘종시계가 침묵하고 있다. 지난해, 정지된 추를 손봤더니 땡땡거리며 시간을 알리다가 어느 순간 시침과 분침이 멈추어 버렸다. 이제 저 시계는 고향집의 과거를 품은 채 정지되어 있다. 한 시간 동안 긋던 빗줄기가 가늘어진다. 낙숫물 소리가 점점 약해지더니 비가 그쳤다. 비를 피했던 제비들이 공중으로 나왔다. 어미 제비가 이렇게 나는 것이라며 숙련된 동작으로 시범을 보인다. 어미를 따르는 새끼제비의 날갯짓이 활기차다.

　해무 속에 잠겼던 설흘산이 슬슬 모습을 드러낸다. 기울지 않은 해가 응봉산 자락에 걸려 있고 마음의 창으로 드는 풍경도 점점 달라진다.

남으로 온 까닭

도타운 가을햇살이 빈들에 퍼진다. 겨울이 드는 달이지만 남해의 날씨는 몸이 느낄 정도로 스산하진 않다. 논 언덕에 핀 산국이 노랗게 빛을 발하며 절정에 치닫는다. 저들도 이 순간을 위해 얼마나 많은 에너지를 꽃대에 품었을까. 그저 보기만 해도 경이로운 자연. 흙으로 돌아갈 줄 아는 생명은 자기 몫의 삶에 정성을 다한다.

부드러운 남풍 불어와 손등을 핥고 지나간다. 가을걷이가 끝나니 들녘도 휴식기에 들었다. 가을은 초연히 떠나고 겨울이 자리를 편다. 치열하게 내달리던 시간이 결실을 낳고 이젠 휴식에 들었다. 결실을 얻기 위해 만물은 얼마나 뜨겁게 시간과 맞섰는가. 나 역시 지금 이 순간이 있기까지는 그랬었다.

주어지는 시간 속에 우뚝 서서 나를 맡기기로 했다. 들로 나와 하늘과 바다가 하는 말을 듣고, 자연의 숨소리를 경청한다. 등을 쓰다듬는 바람의 손길이 부드럽다. 이젠 치열한 삶이 싫다. 느슨한 시간과 친해지고 싶다. 경계와 담을 허물고 느린 것을 사랑하며, 나 자신을 좀 놓아주려고 한다. 이 또한 내게 운명적으로 주어진 시간이라 여기며 옥죄고 살았던 시간과 이별할 요량이다.

다랑논 아래 펼쳐진 바다를 보며 살아야 하는 이유를 얻는다. 영혼을 치유해주고 꿈을 꾸게 하는 바다. 저 바다가 없었다면 나는 글쟁이가 되지 못했을 것이다. 나는 마을 앞바다를 볼 때마다 '나의 바다'라고 욕심을 부린다. 삶의 비전을 안겨주는 쪽빛 바다는 길을 잃은 나에게 궤도를 가르쳐주었다. 그런 바다가 늘 가슴에 있으니 얼마나 큰 복인가.

들녘에 앉아 바람의 노래를 들으며 자연과 대화한다. 납작 엎드린 작은 풀이 하는 말에 귀 기울인다. 늘 겸손하고 단순하자며 주문을 외운다. 작은 존재에 몸을 낮추고, 마음이 어지러울 땐 긴장을 잠깐 멈추자. 쪽빛하늘과 바다에 몸을 맡기고, 자연이 알려주는 지혜를 거울로 삼는다. 발밑에 있는 작은 존재와 우주의 전언에 귀 기울이면, 어느새 마음도 솜털처럼 가벼워지고 선한 기운을 얻는다.

귀향할 땐 오직 어머니와 글쓰기만 생각했다. 어머니를 돌보며 고향에서 살아보기 위함이었다. 이곳에 존재함을 실감하는 건, 잠에서 깨어 마루로 나와 앞산을 볼 때이다. 마당에 나와 신선한 아침공기를 들이마시며 하루를 연다. 설흘산에 머물던 구름이 물러나고, 햇살이 상수리나무 우듬지에 걸리면 솟구치는 생명력을 얻는다. 이곳 풍경은 어느 하루도 판에 찍은 듯한 모습이 아니다.

오랫동안 꿈을 그리는 사람은 마침내 그 꿈을 닮아간다. 오래 전에 썼던 그 문장처럼 마지막 꿈이 이곳으로 돌아오는 것이었다.

고향을 찾은 지인들이 묻는다.

"이 척박한 곳에서 무얼 먹고 살았어요?"

그러면 나는 씩 웃음을 치며 답한다.

"바다를 보세요, 저 넓은 바다를 보면 부러울 게 없지요."

영혼이 살찐 지금에야 배를 채우는 일보다 다급한 게 없다지만, 먹고살기에 급급했던 이전에는 가족들의 생존이 달린 터전이었다. 그랬다. 척박한 곳에 터를 잡고 사는 사람들. 바닷가 절벽으로 이룬 땅을 터로 일구어 사는 사람들은 내 어머니의 손처럼 억척스러웠다. 부지런하지 않으면 먹고 살기 힘들었기 때문에 몸에 배어 생활이 되었다. 그런 피를 물려 받은 이곳 사람들은 부지런함을 타고 났다. 예나 지금이나 열심히만 살면 먹고살 수 있다.

타박타박 들길을 걷는다. 진정 내가 남으로 온 까닭은 자연을 닮은 문장을 얻기 위함일 테다. 그러기 위해선 자갈밭 틈새에 홀로 타오르는 들꽃같이 묵묵히 생을 걸어가 볼 일이다.

꿈

"아부지, 아부지!"

매봉산 골짜기가 떠나가도록 아버지를 불렀다. 그 소리는 깊숙한 골에 메아리가 되어 울려 퍼졌다.

얼마나 고함을 질렀는지 그 소리에 진즉 놀란 사람은 꿈을 꾼 나였다. 눈을 뜨고 벌떡 일어나니 방이었다. 방 안은 여느 때와 다를 게 없었다. 잠든 업둥이의 숨소리가 나직나직 들리고, 조그만 등불이 방을 희미하게 밝히고 있다. 등燈에서 새어 나오는 글귀를 보며 배시시 웃으며 중얼댔다. '나도 이제 꽃길만 걷고 싶네.'

내가 잠들었던 곳은 고향 집 안채에 딸린 조그만 방이다. 도심으로 나갔다가 사십여 년 만에 돌아와 머무는 곳이다. 작은방이라 부르지만, 예전과는 달리 네다섯이 누울 수 있는 공간이다. 손자, 손녀가 하나둘 늘자, 아버지는 작은방 부엌을 없애고 방을 넓혔다. 이곳은 예전에도 공부방이었다. 언니, 나, 동생들이 차례대로 물려받은 방이다. 장판을 새로 깔고 도배를 했더니 애틋하다. 책상을 넣었더니 창작 공간이 되었다.

　오래전, 아득한 꿈을 꾸던 시절이 떠올랐다. 자그마한 방에는 아버지께서 만들어 주신 앉은뱅이책상이 있었다. 작은 책상 위에 등잔불을 켜놓고 언니한테서 한글을 배웠다. 그을음에 코끝이 까맣게 되는 줄도 모른 채 구구단을 외우고, 동시가 무엇인 줄 그때 알았다. 〈저금통〉이라는 동시를 지어 학교 운동장 단상에 올라선 것도 그때였다. 국민학교 4학년 때 마을에 전깃불이 들어오며 등잔불과 남포등이 사라졌다.

　안방과 작은방 사이에는 마루가 있었다. 나무판으로 끼워서 맞춘 마루청이었다. 걸레를 빨아 마루청을 닦는 일은 나의 몫이었다. 마루로 오르는 댓돌 위에서 아버지의 하얀 고무신이 햇살에 반짝거렸다. 짚수세미로 싹싹 씻어서 말린 고무신은 올곧은 아버지의 자존심 같았다.

　중학생이 된 나는 이 방에서 눈만 뜨면 책을 펼쳤다. 새벽에 일어나 공부하는 걸 좋아했다. 동이 트지 않은 새벽, 뒷간으로 가시던 아버지는 내 방에 불이 켜져 있으면 "우리 딸 공부하나?" 그러시며 마당을 건너갔다. 그때는 재래식 화장실을 사용했다. 달걀귀신 나올까 봐 화장실에 못 가는 딸을 위해 어머니는 밤마다 마루 중간에 하얀 사기요강을 놓아두었다. 작은방은 언니가 도시로 나간 후 남동생과 함께 썼다.

　이불 속에서 빠져나온 나는 꿈이 하도 선명하여 마당으로 나갔다. 꿈을 꾸고 나니 세상이 달라 보였다. 어제의 하늘. 어제의 앞산, 어제의 길이 아니고 전혀 다른 곳에 와 있는 듯했다. 꿈길을 따라간 곳은 선산이 있는 골이다. 그곳은 아버지를 부르며 늘 마음이 향하는 곳이다. 귀향 후, 누군가의 도움이 필요할 땐 늘 아버지를 찾았다.

　선산이 있는 골을 바라보며 꿈의 흔적을 더듬었다. 길은 다니지 않으면 묵정길이 되고, 밭은 일구지 않으면 묵정밭이 된다. 꿈을 꾸기 전까지는 그 길도 그랬다. 사람이 다니지 않아 묵정길이 되었다. 하지만 꿈속에서는 길이 닦여 있었다. 예전에 뻔질나게 오가던 때처럼 길이 번들거렸다. 그 길엔 맑은 개울물이 철철 흘렀다. 개울물이 어찌나 맑은지 물속에서 황금물고기가 유영했다. 나는 그곳에서 아버지를 부르다 잠에서 깼다.

　그 길 끝엔 선산이 있다. 지금은 묵정밭이 되어버렸지만, 선산 옆에는 아버지와 피붙이들이 가꾼 밭이 있었다. 어릴 적에 일구었던 밭이다. 한 평 땅도 귀했던 시절, 일꾼을 따로 들이지 않고 우리 식구가 산을 개간했다. 둘째 언니가 초등학교를 졸업한 후, 도시로 나가 번 돈으로 마련한 밭이었다.

　아버지는 산에 무성한 나무와 풀을 베어냈다. 괭이로 산을 파고 돌을 주워낸 후 터를 일구었다. 셋째 언니와 나는 돌을 주워 밭 가장자리에 모으고 베어낸 나무는 땔감으로 쓰기 위해 집으로 날랐다. 거칠어지고 갈라지는 손이 미웠다. 길은 좁고 가파른 언덕길이었다. 그때는 길이 좁아 무조건 머리에 이거나 등에 지고 다녀야만 했다. 나무를 집으로 나르다 투정을 부리기도 했다. 터를 한 평이라도 더 넓히려는 아버지의 마음을 헤아리지 못하고 일하는 게 싫었다.

고사리손까지 보태어 일군 땅은 문전옥답이었다. 힘들게 마련한 땅이라 수확은 그만큼 값졌다. 그 밭에 보리와 고구마를 심어 수확했다. 수확물 일부는 수매하여 돈을 거두었고, 나머지는 식구들의 일용한 양식이 되었다. 아버지는 밭일하시면서 훗날 당신이 묻힐 자리를 알려주기도 하셨다. 노른자위였던 땅은 부모님이 연로해지자 잡초로 덮였다. 밭으로 오르던 길도 발길이 닿지 않아 풀숲으로 변했다.

묵정길이 맑은 개울로 변해 흐르던 그곳. 꿈이었지만 기분 좋았다. 내가 귀향 후 꾼 꿈은 이것만이 아니었다. 무슨 암시인지 얼마 후 또 꿈을 꾸었다. 이상하게도 고향에 대한 꿈을 꾸면 선명하게 남았다.

어느 날엔 마을 골목에서 솥을 걸어놓고 불을 지피는 꿈을 꿨다. 사람들의 발길이 가장 잦은 마을 골목에서였다. 솥을 얹어 아궁이에 불을 지피는 꿈은 널리 이름을 떨치고, 영예로움을 얻어 기쁨을 누리게 된다는 해석이었다. 그뿐만이 아니었다.

고향에서 두 번째 봄을 맞던 해의 삼월에는 마을 들녘에 복사꽃이 환하게 핀 꿈을 꿨다. 복숭아나무에 꽃이 만발한 꿈은 큰 행운이 따르게 될 징조라고 했다. 예술가이면 작품을 창작 발표하여 큰 명성을 얻게 될 꿈이라 해서 희망을 품었다. 예인의 길은 외롭지만, 희망 속에는 언제나 눈물이 있다는 걸 기억하기 때문이다. 그리고 보니 고향에 와서 꾼 모든 꿈은 내 문학의 지침서가 될 것 같다.

오랜 방랑 끝에 고향으로 돌아왔다. 방랑이란 자기 안에 있으나 발굴하지 못한 그 무엇을 찾아 떠나는 길이고, 귀향은 힘들고 외로운 방랑을 거쳐 비로소 고향 집 문 앞에 서는 일이다. 긴긴 방랑을 거친 후, 닿게 되는 귀향의 의미는 본래 자아에 대한 깨달음의 은유라 했다. 그것이 바로 내가 남으로 온 까닭이다.

목수의 딸

습관처럼 이른 아침을 먹고 마당으로 나왔다. 상수리 나무 우듬지에 해가 걸려 있다. 장독대 옆에 심은 장미와 수국이 터를 잡은 것 같아 달가워하며 사랑채로 들었다. 낡은 것으로 채워져 있던 고방을 손봐 책장과 소파를 넣었더니 나만의 공간이 생겼다. 차를 마시며 사색하기 좋은 이곳을 설흘재雪屹齋라 이름 지었다. 책이 있고 예스러운 이 공간은 언니와 내가 마련했다.

고향에서 아버지의 빈자리를 대신하며 사계절을 보냈다. 고향 집은 마당을 사이에 두고 안채와 사랑채로 되어 있다. 목수였던 아버지는 터전을 시나브로 손보며 지키시다가 다시 못 올 길로 가셨다. 생활을 주로 했던 안채는 손봐서 깔끔했지만, 농사를 그만둔 지 오래라 아래채는 창고 같았다. 쓰다만 살림살이와 농기구가 구석구석 쌓여 있어 몇 차례 정리했다.

달포 전, 언니가 가게 일을 접고 나를 위안하러 고향에 왔다. 아침상을 마주한 언니가 대뜸 입을 열었다. 내가 사는 동안이라도 쓸 수 있도록 행랑채를 좀 손보자고 했다. 내가 맞장구를 치자, 언니는 일단 한번 돌아보자며 아래채를 구석구석 살폈다.

"아부지가 뼈대 있게 손질해 놓았네. 흙벽 튼튼해지라고 시멘트까지 입혀 놓았고."

"언니야, 우리 아부지는 목수였잖아. 그것도 대목!"

여기저기, 아버지의 손길 닿지 않은 곳이 없었다. 손수 지은 창고 안에는 쓰다 남은 목재와 합판이 반듯하게 정리되어 있었고, 사용하던 연장은 한곳에 갈무리되어 있었다. 공사 때 사용했던 먹줄은 처마에 매달려 대롱거렸다.

"슬슬 시작해 볼까."

"그래, 우리는 목수의 딸이니까!"

강단 있던 아버지 닮은 언니가 소매를 걷어붙이자, 나도 따라 장갑을 꼈다. 어릴 적 어깨너머로 봤던 걸 기억하며 일을 시작했다. 우선 창고와 방부터 정리했다. 쓸 것과 쓰지 않는 것을 골라 버리고 남겼다. 아버지의 애장품이었던 연장들이 녹슬었지만, 대패, 톱, 망치 등으로 낡은 곳을 수리했다.

시작은 작은 쉼터 하나 마련하는 거였지만, 일을 벌이고 보니 사방에 손볼 곳이 보였다. 추녀 밑 서까래는 새까맣게 색이 바랬고, 천장에 구멍이 뚫려 빗물이 새는 곳도 있었다. 태풍이 지나가며 할퀸 창틀은 제자리를 이탈해 찌그러졌다. 아버지께서 보수한 곳도 있었지만, 증조부님께서 터를 잡은 곳이라 세월의 흔적은 드러났다.

천장부터 보완하고 황토를 바르기로 했다. 같은 나무라도 작가가 보는 나무와 목수가 보는 나무는 다르다. 언니는 건재상을 했던 경험까지 있어서 일 눈이 달랐다. 우선 구멍이 뚫린 천장에 대나무로 뼈대를 만들었다. 황토가 잘 붙도록 찹쌀과 다시마 끓인 풀로 반죽하여 살을 댔다. 공들여 발라놓은 황토가 밤중에 툭 떨어졌다. 다음 날 다시 뼈대를 만들고 황토를 발랐다. 며칠이 지나자, 천장에 덧댄 황토가 더는 떨어지지 않고 서서히 말랐다.

비가 새는 지붕도 손봤다. 썩은 합판을 걷어내고 보관해 둔 합판을 잘라 낡은 처마를 수리했다. 목수의 집이라 건재는 구하러 나가지 않아도 넉넉했다. '꽝꽝!' 공사 소리가 연일 나자, 이웃 사람들이 "무얼 하냐?"며 기웃거렸다. 지나가던 큰집 오빠도 들어와 보시더니 "너거가 이런 일도 할 줄 아나?" 하며 혀를 내둘렀다.

장판을 깔고 황토에 어울리는 등을 달았더니 분위기가 살아났다. 몇 해 전까지 사용했던 아랫방 문살에 창호지를 새로 바르고 마루청엔 널빤지가 상하지 않도록 니스 칠을 했다. 아궁이가 있는 부엌을 그대로 살렸다. 세월의 흔적처럼 부엌에는 그을음이 까맣게 껴있었지만, 그 또한 멋이었다. 무엇보다 군불을 지필 수 있어 좋았다. 보름 동안 몸 품을 팔았더니 예스러운 사랑방이 되었다.

　가을 태풍이 오기 전, 어머니께서 현몽을 꾸셨다. 꿈에 아버지께서 아래채를 짓고 계시더라고 했다. 아버지는 생전에 행랑채를 새로 지으려고 설계도까지 그려놓으셨다. 공사할 계획까지 세웠으나 병마로 뜻을 이루지 못하셨다. 유품을 정리하던 남동생이 머리맡 서랍에 있던 설계도를 발견했다. 목수였던 아버지는 낡은 아래채가 마음에 걸렸던 모양이었다. 어머니께서 그런 꿈을 꾸어서 언니와 내가 이러는 게 아닌가 싶었다.

　아버지는 마을의 새마을 운동 선구자였다. 오지에 살았지만 유식하고 한량이었다. 지게 지고 논밭으로 나가는 것보다 양복 차려입고 읍면으로 오가는 게 더 어울렸다. 이장, 새마을지도자를 역임하며 마을 발전에 앞장섰다. 샛길을 넓히고, 다리를 놓아 마을로 오가는 차가 그곳으로 드나들고 있다.

　초등학교에 다니던 시절, 우리 집에는 B 도시에서 신문이 매주 왔다. 아버지는 안경 너머로 신문을 보시며 넓은 세상과 소통했다. 일찍감치 세상에 눈이 열렸던 아버지는 정치, 경제에도 관심이 많았다. 어린 마음에 예리한 아버지 곁에 서는 것이 겁나 멀찌감치 떨어져 지냈다. 하지만 인정 많은 아버지는 호기가 끝내줬다.

　보름 동안 행랑채를 단장하느라 언니와 나는 몸살이 났다. 몸은 고단하고 힘들었지만, 근사한 공간이 생겨 보람 있었다. 무엇보다 옛 모습을 그대로 살릴 수 있어 만족했다. 멈추었던 괘종시계를 손봐 벽에 걸었더니 똑딱똑딱 소리를 내며 가고 있다. 낡은 창틀에는 칠을 하고 예전에 사용하던 문발을 달았더니 운치가 더해졌다. 어머니는 오래전 서울 사돈네에서 보내온 것인데, 표면에 그려진 그림이 일품이었다. 일곱 색깔 무지개가 푸른 동산 위에 떠 있고, 꽃과 나무가 있는 집이 그려져 있었다. 그 풍경을 보고 있으면 내 마음에도 무지개가 떴다.

 찻잔을 들고 소파에 앉아 차창 밖으로 시선을 둔다. 글을 쓰다가 눈이 피로해지면 설흘재로 나와 풍경과 마주한다. 투명한 창으로 밖을 보면 시야가 탁 트인다. 바깥 풍경이 보이는 저 문은 사색의 창이다. 창문을 통해 풍경마저 들인다. 멀리 쪽빛 바다가 보이고 앞집 뜰에 붉은 감이 매달려 있는 게 보인다. 눈을 지그시 감고 자연이 들려주는 화음을 감상한다.

 이곳에 앉아 있으면 자연 바람을 맞을 수 있고, 해 질 무렵 처마로 날아드는 새를 볼 수 있다. 외로움을 즐기는 사람에겐 창가에 스치는 새 한 마리도 귀한 풍경이다. 티 없는 하늘가에서 지절대는 새소리, 넉넉한 가을풍경을 들이니 마냥 벅차다. 지금 내 영혼은 만추로 가는 길. 꿈을 꾼다는 건 이런 걸 두고 한 말일 테다.

 설흘산의 가을을 보기 위해 미닫이문을 활짝 연다. 해와 달, 별과 꽃이 새겨진 미닫이문은 목수였던 아버지께서 안채에 있던 것을 아래채로 옮겨왔다. 이 또한 목수였기에 가능했을 것이다. 그런 아버지의 딸인 것이 자랑스럽다. 외벽까지 하얗게 칠했더니 새 옷을 입은 듯 행랑채가 살아났다. 그래, 우리가 누구인가. 목수의 피를 물려받은 딸이 아니던가.

전어

짙게 낀 해무가 마을을 삼켰다. 하늘과 땅의 경계가 사라졌다. 백 미터 앞 사물도 제대로 보이지 않는다. 마을 앞바다에선 무적 소리가 연거푸 들려온다. 팔월 초순인데도 날이 흐리고 장맛비가 내린다. 햇살이 퍼지는가 싶으면 또 흐려져 부슬부슬 비를 뿌린다.

주말에 가족이 모이기로 했다. 서울 사는 큰딸이 온다고 하니 대구에서 남편도 달려올 것이란다. 오랜만에 만나는 가족이라 마음이 들뜨고 분주하다. 아침부터 깻잎김치와 배추김치를 담근다고 달그락거렸다. 절인 배추에 양념까지 칠하고 나니 한나절이 몽땅 베어졌다.

어머니의 점심상을 물리고 책상 앞에 앉아 있으니, 마루 스피커가 우렁우렁했다. "마을 안내방송입니다. 두레방 앞에 물 좋은 전어가 왔다고 허니 사러들 나가세여!" 방송을 듣다 싱긋 웃었다.

이장님의 발음이 꼬인 걸 보니 낮술을 한잔 걸친 듯하다. 이젠 방송만 들어도 동네 돌아가는 걸 짐작할 수 있으니 진짜 주민이라 해도 누가 태클을 걸지 않으리라.

'벌써 전어 철인가?'

가을 전어보다 여름 햇전어가 더 별미라는 말이 기억나 지갑을 들고 두레방 앞으로 갔다. 고향 후배가 트럭 가득 출렁이는 바다를 싣고 와 전어를 팔고 있었다. 이웃 마을 어장 막에서 갓 잡은 전어라 했다. 뜰채를 든 여인이 화살처럼 차 위로 뛰어오르더니 파닥거리는 전어를 봉지에 담아준다.

"옴마야, 펄펄 살았네예!"

전어가 봉지 속에서도 날고뛴다.

"살아 있는 놈들이니 바로 회 쳐서 먹어도 됩니더."

뜰채를 든 여인의 목소리가 살아 있는 전어처럼 생기롭다.

힘찬 기운이 넘치는 전어를 본 나는 덜컥 겁이 났다.

"이래 살아 날뛰는데 어떻게 손질합니까?"

내 뒤에 섰던 태섭 삼촌이 슬며시 웃으며 농담을 하신다.

"작가라서 살생을 못 허겄다 이거네."

그러자, 전어를 건져내던 여인이 해답을 준다.

"그라모, 냉장고에 넣었다가 숨이 넘어간 뒤 손질하시다!"

"예, 그라모……. 많이 팔고 가시다."

어느새 나도 이곳 사투리를 쓰고 있다. 잃었던 언어를 다시 찾은 셈이다. 꿈틀대는 전어 봉지를 들고 골목을 내려와 뒷집으로 갔다. 마당에 들어서자마자 뒷집 엄마를 불렀다.

"엄마, 엄마!"

몇 번이나 불러도 귀가 철벽인 뒷집 엄마는 기척이 없다. 안방 문을 열고 다시 부르니 "와?" 하시며 침대에서 몸을 일으킨다.

"전어 좀 손질해 주시다. 내는 도저히 몬 하겠어예."

"전어가 왔던가? 내는 무신 방송인가 했네."

마당으로 나온 뒷집 엄마가 옷소매를 걷어붙이더니 수돗가로 갔다. 바지춤을 추켜올려 쭈그리고 앉더니 숫돌에 칼을 쓱쓱 간다. 도마를 꺼내어 팔팔 뛰는 전어의 몸에 사정없이 칼을 댄다.

"전어가 아즉 자잘하네. 예전엔 콩 털고 콩대 불에 구워 먹으면 참말로 맛났제. 이것보다 좀 더 살이 차야 맛나는디."

파닥파닥……. 바닥에 몸을 치며 녀석들이 살려고 난리다. 날뛰는 전어를 뒷집 엄마는 아무렇지도 않게 낚아챈다. 부드러운 심성의 뒷집 엄마도 때에 따라선 손이 거칠었다. 목을 찔린 전어 녀석, 자기도 생명이라고 피를 쏟는다. 나는 등을 돌리고 앉았다가 수돗가에서 일어섰다. 창자를 잃은 전어가 바닥에 몸을 몇 번 치더니 어느 순간 맥을 놓는다.

"에고. 불쌍한 것들!"

나는 생명이 불쌍해 보이는데 뒷집 엄마는 인정사정없다.

"회로 먹을 건가?"

"예, 몇 마리만 먹어볼랍니다. 엄마는 아직 속이 안 좋으니, 구워드리고."

달포 전, 급체로 식겁한 어머니의 속이 아직 편하지 않다. 뒷집 엄마의 손놀림이 어찌나 빠른지 금세 손질을 마쳤다.

"내는 세 마리만 주라. 입맛이 없어 점심을 건너뛰었는데 구워서 먹게."

몇 마리 더 얹어 드리고 손질한 전어를 들고 집으로 왔다.

고양이 가족을 위해 창자까지 들고 왔다. 가져온 창자에 전어 두 마리를 토막 내어 살짝 삶았다. 고양이 가족도 이제 한 식구다. 냄새에 취한 고양이들이 어서 달라며 뒤뜰에서 보챈다. 횟감은 뼈째 썰어 먹으러 두고 나머지는 씻어서 소금을 쳤다.

마침 집에 와 있던 작은딸이 조리법을 찾아 전어를 썰었다. 바다의 은빛 윤슬처럼 윤기 나는 전어가 맛깔스럽다. 텃밭으로 달려가 상추 한 줌 뜯어와 씻었다. 된장에 마늘과 고추를 다져 넣고, 참기름을 듬뿍 부어 전어 회를 싸 먹으니 입 안에서 살살 녹았다. 이 맛 때문에 다들 전어, 전어하는구나. 벌건 대낮이지만, 딸과 소주잔을 부딪친다. 평소 같으면 여자가 술을 마신다고 나무라는 어머니이지만 오늘은 아무런 지청구가 없다.

휴가철이라 마을을 찾는 방문객이 늘어 골목마다 떠들썩하다. 코로나바이러스 때문에 휴가를 잃은 사람들이 태반이라 하더니 그렇지도 않은 것 같다. 병든 어머니의 수발로 옴짝달싹 못 한 채 고향 집을 지키고 있는 나로서는 부럽기도 하다. 이놈의 장마는 대체 언제 끝이 나려는지. 여전히 하늘은 보이지 않는다.

전어 만 원어치로 잔치를 열었다. 우리 식구와 뒷집 엄마, 고양이 가족까지 포식했다. 마루에 앉아 오랜만에 소주 한잔을 걸쳤더니 얼떨떨하다. 술을 즐겨 마시지는 않지만, 주량까지 적으니 한 잔 술에도 취기가 돈다. 해무에 술기운까지 더해지니 앞산이 보이지 않는다. 앞산이 보이지 않는 건 낮술 때문이 아니라 순전히 전어 탓이다.

시간에 기대어

 바다에 누운 저녁놀은 하늘에 뜬 구름조차 옷을 입혔다. 사방은 어느새 저녁 어스름이 짙게 깔렸다. 소리마저 삼켜버린 어둠. 또 밤이 시작된다. 먹물 번지듯 사위에 어둠이 내린다. 밤이 되면 이곳의 천지는 고요 속에 잠긴다.

 고향에 들어와 세 번째 맞는 겨울이다. 동절기가 되면 이곳에서 주저앉고 싶다는 다짐이 무너진다. 쉼을 위해 찾아든 곳이 겨울이면 적소가 된다. 무료함을 달래 줄 흥미로운 일을 찾아보지만, 딱히 눈에 드는 게 없다. 이 또한 계절이 주는 기운인가.

 밖은 고요하고 달빛만 가득하다. 고요와 적막에 잠긴 마을. 이제는 적적함에 익숙해질 만한데도 말뿐이다. 온기가 그리운 시간이지만, 아무도 찾지 않는 숲속에 혼자 있는 것처럼 쓸쓸하다. 그리움과 외로움이 더해지지만, 그마저도 삼켜야 한다. 연습 없는 세월의 무게만큼 외로운 나는 시간에 기대어 돌아갈 날을 기다린다.

그리움을 먼 곳에 두고 적막에 오래 젖다 보니 우울해진다. 적막한 밤이 되면 아무것도 못하고 스르르 잠이 든다.

겨울은 참 이상한 계절이다. 감정이 이랬다, 저랬다 춤을 춘다. 어느 때는 구름 위 하늘로 치솟기도 하고, 어느 땐 나락으로 추락해 바닥을 친다. 감정이 바닥으로 치달을 땐 내면의 소리를 듣지 못한다. 그럴수록 세상과 소통해야 한다. 그러지 않으면 가야 할 목적지에 도달하지 못하고 허무의 늪에 빠질지도 모른다. 마음이 담긴 길을 끝없이 전진하려면 그 길과 하나가 되어야 한다.

요사이 나의 다짐은 '외롭다고 말하지 않기, 그립다고 말하지 않기, 서둘러 이루려고 애쓰지 않기'이다. 혼자라는 서글픈 생각이 들어도 앞으로, 앞으로 시간을 헤치고 나아가야 덜 아프다. 유배된 날들이 반복되어 하얗게 저물어도 시간에 기대어 하루하루를 보내야 한다.

오늘도 밤과 싸우기를 한다. 이곳에 와 습이 되어버린 초저녁잠 때문이다. 환경이 바뀐 탓일까. 시간이 가면 익숙해지리라 여겼건만, 그도 요리할 수 없다. 어머니를 혼자 주무시게 할 수 없어 안방에서 같이 잠든다. 서재에서 자고 싶으면 자고, 눈만 뜨면 글을 써야 하건만 안쓰러운 마음 때문이다. 외풍이 센 방에 누워 있으면 머리가 시원하다 못해 시리다. 자다가 깨면 이불을 뒤집어쓰고 다시 잠들기도 한다. 한잠 자고 눈을 뜨면 자정이 막 넘었을 때가 있다. 그런 날에는 밤을 하얗게 새운다.

고향에 돌아왔을 땐 눈 닿는 곳마다 황홀경이었다. 느리게, 느리게 펼쳐지는 풍경에 취해 휴식을 즐겼다. 모든 것을 내려놓고 잠시 숨 고르기도 했다. 처음엔 고향의 달콤한 서정에 빠져 흥분했다. 시들어 버린 감정을 비우고, 신선한 감정을 채워가는 것은 실로 기쁜 일이었다. 하나 도시 생활에 중독된 나는 시간이 갈수록 문화와 사람이 그립다.

병든 어머니를 봉양하러 고향에 왔지만, 겨울이면 적적하다. 어머니를 돌보며 천년만년 살 것 같다는 다짐이 무너진다. 그렇다고 이대로 돌아갈 수 없는 노릇이다. 내가 이곳을 떠나면 어머니는 요양 시설로 가야 하고, 고향 집은 빈집이 될 게 분명하다. 불안해서 수심이 가득한 어머니의 얼굴을 보면 차마 그럴 순 없다.

밤을 건너는 것은 나 자신과 싸우는 일이다. 달빛이 스며드는 차가운 밤에는 세상 끝으로 온 것 같이 느껴진다. 해가 지려고 해도, 날씨가 흐려져도 서글퍼진다. 사막 바람이 등 떠밀 듯 영혼이 허기진다. 작가의 삶이란 행복한 것만은 분명 아니다. 적적한 삶이다. 그래도 주저하지 못한다. 다시는 쓰지 말자면서도 어느새 책상 앞에 앉아 글을 파고 있다.

밤을 사랑하던 사람이 어느 날, 밤과 적이 되었다. 내가 살기 위해 날마다 밤을 죽이는 일을 했다. 움직이지 않는 시간의 포승에

묶인 듯 가슴이 답답했다. 생각과 감정 또한 손님이었다. 우울과 무기력을 견디는 일에도 에너지가 소모된다는 걸 깨달았다. 육신이 어찌 영혼의 움직임에 반응하지 않으랴. 사람이 그리운 날은 글을 쓰고, 쓸쓸한 때에는 음악을 들었다.

나 자신과의 약속을 지키기 위해 밤을 죽일 처방이 필요했다. 처방은 다름 아닌 나를 가두는 것이었다. 어떤 글이든 쓰기 위해서는 철저하게 자신을 서재 속에 가두어야 하고, 외로워도 나 외롭다고 말하지 않아야 한다. 우울함이 우물처럼 깊지 않도록 말이다. 한없는 시간에 기대다 보면 언젠가는 적막감에서 벗어나리라. 공허에 맞서 생각을 접고 살면 찬 겨울도 기침 없이 지나갈 것이다.

섣달그믐 깊은 밤, 밤의 끄트머리에 걸터앉아 설익은 내 영혼을 달랜다. 오늘 하루도 생의 전부인 듯 나는 시간에 기대어 살았다. 봄이 올 때까지 그저 견디고 기다리는 길밖에 없다. 아무것도 발설하지 못하는 고통을 이겨내고, 마음은 싸늘한 겨울 지나 봄으로 가는 길 위에 선다. 외로워서 더 단단해진 겨울나무처럼, 소리 없이 제자리에 서서 주어지는 환경을 받아들여야 한다.

사임당

고향에 내려와 사계절을 보냈다. 골목에 모여 정담을 나누던 주성 오빠가 대뜸 나를 부르더니 말을 이었다.

"참 대단하다야. 너를 보면 신사임당이 생각난다야."

"무슨 그런 말씀을 하십니까. 오빠가 신사임당에 대해 어찌……."

"인마, 내가 사임당을 와 모리겠노."

나는 부끄럽기도 하고, 멋쩍어서 고개를 숙였다.

"신사임당이 너 같았쟎아. 강릉 친정에서 어머니를 모시며 글과 그림을 그렸쟎아!"

"저 같은 사람을 우찌 신사임당에 비하겠십니까."

"너거 엄마는 복을 타고 난 기라."

당치도 않은 말이라며 나는 고개를 절레절레 흔들었다.

아버지의 빈자리를 대신하고자 고향으로 들어와 어머니를 돌보고 있는 난 그만한 그릇이 못 된다고 스스로 반문했다. 아버지께서 이승을 떠나시자, 고향 집에서 홀로 살 수 없는 어머니께선 요양시설로 가셔야만 했다. 하지만 정신이 온전한 어머니를 바로 요양시설에 보낼 수 없었다. 그때 난 요양병원에서 일하고 있었다. 그곳의 환경이 문제가 아니라, 노인들이 가장 가기 싫어하는 곳이기에 용납되지 않았다. 육신은 망가져 홀로 지낼 수 없지만, 무엇보다 어머니의 정신이 초롱초롱한 까닭이었다. 당시 어머니는 아랫집 할머니의 제삿날까지 기억하고 계셨다.

누구 집처럼 땅과 소를 팔아 학문의 뒷바라지를 해주었거나, 재산을 물려받은 것도 아니었다. 하지만 나는 도시의 모든 것을 내려놓고 하루아침에 귀향했다. 나를 고향으로 돌아오게 한 가장 큰 이유는 인내하며 살아오신 어머니의 희생과 사임당이 그려진 오만 원짜리 지폐 때문이었다. 오래전, 그 지폐 속에서 어머니의 그윽한 마음을 읽었기 때문이다.

어느 해, 여름이 끝나고 추석이 가까워질 무렵, 고향에서 택배가 왔다. 부모님이 농사에 손을 놓은 지 몇 해가 지났는데 큰 상자에는 농산물이 가득했다. 경비실에서 무거운 박스를 들고 집으로 드는 순간 눈물이 왈칵 쏟아졌다. 어찌 숨 돌릴 틈도 없이 살았는지. 부모님께 용돈 한 푼 보내지 못하는 게 한이 되어 눈물이 그치지 않았다.

테이프로 칭칭 감긴 박스를 뜯었다. 반듯반듯하게 적힌 글씨. 필체 좋은 아버지의 손길이 지나간 주소를 읊조리게 했다. 경남 남해군 남면 홍현리 901번지. 도로명으로 표기되기 전의 주소였다. 어릴 적 고향의 풍경이 마음속에 깊이 각인되었듯이, 고향 집 주소는 죽어도 까먹지 않을 것 같다.

고향의 흙냄새가 묻은 박스를 풀자, 김치와 깨, 참기름, 찹쌀 등이 갖추갖추 들어 있었다. 그중 참깨가 든 검은 봉지를 여는 순간 적이 놀랐다. 가슴을 치미는 것이 눈에 띄었다. 쏟아질 것만 같은 참깨 속에는 투명한 비닐 팩이 들어 있었다. 그 비닐 속에는 오만 원짜리 지폐 두 장이 곱게 접혀 있었다. 사임당이 그려진 지폐였다. 추석이 가까워지자, 어머니께서 두 딸에게 주라며 보내온 돈이었다. 오만 원짜리 지폐가 세상에 막 나온 때였다. 또다시 눈물이 쏟아졌다. 외할머니께서 보내신 용돈을 받은 두 딸은 뛸 듯이 기뻐했다. 냉장실에 깨가 들어있는 봉지를 넣어두고 먹을 때마다 그 순간을 떠올렸다.

노란 지폐에 그려진 사임당은 세상 어머니의 표본이다. 어머니는 학문을 깊이 깨달은 건 아니었지만, 나의 든든한 버팀목이었다. 성실함과 부지런함, 인내심이 몸에 밴 조선의 어머니셨다. 지난한 삶에도 어머니의 자리를 이탈하지 않으시고 잘 버텨주셨다. 나였다면 절대 못 살 것 같은 처지였으나 어머니는 자식들을 위해 희생하셨다. 긴 세월 인내하며 성실함을 보여주셨던 어머니는 나의 사임당이셨다. 그런 어머니를 존경하며 닮으려고 무단히 애썼다.

사임당은 한때 나의 별명이기도 했다. 사임당을 스승처럼 존경했다. 무언가를 추구하며 닮아가려고 하다 보니 그런 모습이 배였던가 보다. 사임당이라는 별명이 주어진 이후에도 늘 배우고 익혀 글을 썼으며 두 딸의 귀감이 되고 싶었다. 그렇다고 해서 사임당처럼 훌륭한 인물은 절대 못 된다. 하지만 어머니를 스승처럼 존경하며 길을 따르겠다고 다짐했다.

그 당시 바쁜 꿀벌처럼 몸을 굴러야 했던 나는 몇 해 동안 고향에 방문하지 않았다. 그걸 눈치를 챈 어머니는 늘 말보다 행동으로 보여주셨다. 막내딸 사는 게 녹록하지 않음을 잘 아신 어머니는 늘 전화하면 "어찌 사노?" 하시며 끝말을 흐렸다. 자존심이 쇠심줄 같은 나는 아무리 힘들어도 부모님껜 말하지 않았다. 말없이 산다고 어미가 모를 리 있을까. 당신이 배 아파서 낳은 자식의 처지를.

농사를 짓지 않아도 물질보다 더 귀한 농산물을 보내주셨다. 어느 해엔 전화로 "엄마가 담근 파김치를 먹고 싶어." 그랬더니 며칠 후 어찌나 많은 파김치를 보내셨던지 입이 쫙 벌어졌다. 그 많은 파를 몇 날 며칠 동안 깐 후 양념했을 것이다. 어머니의 손

맛은 야무졌다. 김치 맛이 어디에도 빠지지 않는다며 숙부님들은 늘 칭찬하셨다.

느닷없이 던진 고향 오빠의 말에 숙연해져 집으로 왔다. 마당으로 들어서니 안채 마루에 어머니께서 앉아 계신다. 편마비가 있는 어머니는 마루에 앉아 골목으로 오가는 사람들을 구경하고, 앞산의 풍경을 보며 하루를 보내신다.

나는 안채로 들지 않고 아래채 마루청에 앉았다. 집 뒤 언덕에 선 상수리나무를 올려다본다. 어머니를 닮은 노목을 쳐다보며 생각에 잠긴다. 나도 인내하며 살아오신 어머니를 닮을 수 있을까. 세상 어머니의 표본인 사임당을 조금이라도 닮을 수 있다면 얼마나 좋겠는가.

경계

또록또록…….

낙숫물 소리에 눈을 떴다. 겨울 가뭄을 해갈해 줄 반가운 단비였다. 가깝게, 가깝게 들리는 낙숫물 소리는 도심에서 들을 수 없는 귀한 소리다. 꿈속에 계신 어머니를 뒤로하며 안방 문을 조심스레 열었다. 마루에 나오니 마당이 젖어 있다. 눈이 아니고, 겨울비였다.

고향에 들어와 겨울을 맞았지만, 눈다운 눈은 오지 않았다. 북쪽 지방에서는 함박눈이 내린다며 소식을 전해왔지만, 따사한 남해에서 날리는 눈송이를 구경하기란 쉽지 않다. 마당에 나와 분분하게 눈발이 날리기를 기다렸지만, 비바람만 스쳐 갔다. 창백한 겨울 한복판에서 나목의 어깨 위로 내리는 비를 바라보았다. 눈이 아니라 겨울비라도 반가웠다. 건조해진 날씨에 미세먼지까지 씻어줄 고마운 비였기 때문이다.

아침을 먹고 난 후 커피를 들고 앞산과 마주했다. 이곳에선 비가 내리는 게 아니라 흐른다. 앞산과 마을 사이에 내리던 비는 바람을 등에 업고 흐르는 듯하다. 산바람이 부는 날에는 산에서 바다로 비가 흐르고, 해풍이 부는 날에는 바다에서 산으로 오르듯 비가 번진다.

방으로 들어가 책상 앞에 앉았다가 밖으로 나오니 내리던 비가 눈으로 바뀌었다. 그러다가 다시 비가 되고 눈이 되어 진눈깨비로 내렸다. 기분 좋아 날뛰는 강아지처럼 카메라를 들고 몇 번이나 마당으로 나갔다. 마을에는 비가 내리는데 뒷산에는 순백의 눈이 날렸다. 희미하게 보이는 산을 앞에 두고 있노라니 눈이 황홀했다. 두어 시간 동안 비와 눈이 번갈아 가며 내렸다. 눈이 내려도 젖은 땅 위에 내리니 쌓이지 않았다.

카메라를 메고 동구 밖으로 나갔다. 동구 밖에서 보는 풍경은 사뭇 달랐다. 마을에는 진눈깨비가 내리는데 마을 뒷산에는 허옇게 눈이 내리고 있었다. 한길을 경계로 해서 내리는 게 달랐다. 눈비가 그치고 나면 설흘산 정상은 하얗게 쌓일 거라는 희망을 품고 다시 책상 앞에 앉았다.

오후 세 시가 넘자, 햇살이 환하게 마루로 들었다. 책상 앞에 있던 나는 창으로 드는 환한 빛에 놀라 카메라를 잽싸게 챙겨 마루로 나갔다. 햇살이 퍼지며 내리던 눈비가 그쳤다. 마루에 앉아 계시던 어머니께서 "먼 산에 눈이 하얗다!" 하시며 눈이 동그랬다. 나는 얼른 카메라를 챙겨 뒤도 돌아보지 않고 곧장 마을 어귀로 나갔다.

햇살이 든 마을은 환하고, 마을을 안고 있는 산꼭대기에는 하얀 모자를 쓴 듯 눈이 덮여 있었다. 이름 그대로 설흘산雪屹山이었다. 산 위에 흐르는 구름이 흰 모자를 살짝 건드려 흩어지게 했다. 겨울 풍경 속에 빠진 나는 손발이 꽁꽁 어는지도 모른 채 살얼음 위를 걸어 풍경 좋은 곳을 찾았다. 눈이 그친 오후의 풍경은 그야말로 장관이었다. 경계가 없던 산 중턱에 선명하게 경계가 드러났다. 시린 손을 호호거리며 풍경 담기에 바빴다.

오후가 깊어지자, 긴 머리채를 푸는 산그늘이 마을, 일부를 덮었다. 반짝 나타난 햇살은 순식간에 눈을 녹였다. 하루에도 몇 번씩이나 바뀌는 설흘산 자락의 구름. 그 모습에 넋을 놓기도 한다. 바람 따라 구름이 왔다 갔다 하더니 눈을 녹여 버렸다. 그러자 산자락을 나누었던 경계가 사라져 버렸다.

우리 주변엔 경계라 불리는 말이 무수히 존재하여 맞이한다. 낮과 밤의 경계에서 서쪽 바다 위에 깔린 노을의 생애를 바라보며 침묵하기도 했고. 보이는 것과 보이지 않는 경계에서 맥없이 내려놓아야 하는 경험 또한 했었다. 요양병원에서 일할 때는 영과 육의 경계에 선 사람들의 모습을 수없이 보았다. 삶과 죽음의 경계에서 희미한 웃음을 걸치고 있는 사람을 보기도 했다.

어디 그뿐이던가. 질긴 생명력으로 다랑논 언덕에 핀 들국화를 통해 꽃이 아닌 경계를 보았고, 문학을 하며 한계가 있는 현실과 꿈의 경계에서 헤매기도 했었다. 삶의 밑바닥까지 치면서 절망과 희망의 경계를 오락가락하던 때도 있었지 않은가. 이제 가망이 없다고 체념하며 절필하다가도 어느 순간 빛이 보여 다시 책상 앞에 앉기도 한다.

흐르는 구름 뒤에 감춰진 하늘처럼 순수해지고자 했던 날들. 세상의 길을 걸어오며 가슴속에 할 말은 가득했지만, 침묵해야 할 때가 많았다. 굳이 들추어 내지 않아도 될 언어는 차라리 침묵하는 게 나았다. 그래야 덜 아팠다.

산에 쌓인 눈이 녹자, 경계가 희미해지고 있다. 눈 쌓인 이쪽과 저쪽의 경계엔 바람 따라 구름만이 흐른다. 어느새 해가 저물고 빛에서 어둠으로 넘어가는 시간이다. 낮과 밤이 바뀌는 시각. 빛과 어둠의 경계가 생기더니 어둠살이 점점 짙어지며 또 경계가 사라진다.

쓸쓸해진 시간 위에서 경계 저편 아득히 있는 그리움을 소환한다. 내게 가장 소중한 단어 문장. 그리운 것은 늘 멀리 있어 나를 꿈꾸게 한다.

선물

세계 각국에서 모여든 사람들. 그 틈에서 나는 탄성을 질렀다. 바티칸 대성당의 웅장함과 비범한 예술성에 입을 다물지 못했다. 가이드의 입담처럼 사라졌던 신앙심이 다시 살아날 것 같았다.

꿈이었다. 물속의 장화처럼 생긴 지중해의 이탈리아를 큰딸과 여행하는 일은 가지 않고는 노래할 수 없고, 보지 않고는 꿈꿀 수 없는 곳이다. 그것도 가을 이탈리아를 만난 것은 행운이었다. 몇 개국을 경유하는 여행이 아니라 오직 이탈리아 일주를 나는 고집했다. 르네상스, 유럽 예술 발전의 전진기지인 이탈리아를 온전히 느끼고 싶었다.

여행은 그리움의 또 다른 이름. 여행의 본질은 발견이며 권태를 해소하는 하나의 탈출구다. 정말 새로운 것 앞에서 변화하는 나 자신, 그 새로운 나를 발견하는 것이다. 그래서 이 여행은 나에게 있어 황금 같은 시간, 꿈같은 선물이다. 흔히들 가는 해외여행으로 호들갑을 떠는 거 아니냐고 남들은 비웃을지 모르지만 적어도 내게는 그랬다.

큰딸은 몇 해 전부터 여권을 만들라고 했다. 해외여행이 자유롭고 흔해진 시대에 여권이 없다 하면 남들이 웃을 일이다. 하나 난 스스로 마음을 접고 살았다. 여권을 일부러 만들지 않았음이 정직한 대답일 것이다. 나에게 해외여행이란 가당치 않았다. 시간이 있으면 물질이 따라주지 않았고, 여유가 있어 기회가 있으면 시간이 허락되지 않았다. 그걸 안 두 딸이 지금이 적기라며 무조건 떠나라고 했다. 그래서 더 신명이 났다. 두 딸이 부추기고 도와주지 않았다면 불가능한 일이었다.

수년 전, 유럽 배낭여행 중이던 큰딸이 바티칸에서 메시지를 보내왔다. 그곳에서 가장 먼저 생각난 사람이 엄마라고 했다. 엄마랑 같이 오고 싶은 곳이라며 눈물샘을 자극했다. 그 후 큰딸이랑 이탈리아에 가는 것이 꿈이었다. 내 소망을 잊지 않은 큰딸이 무조건 밀어붙였다. 몰래 직장에 연차를 내고 여행 티켓을 예약했다. 망설이는 나에게 다른 건 생각하지 말고 무조건이라 했다.

열흘간의 여행. 고향에서 어머니를 돌보고 있는 나로서는 엄두조차 낼 수 없는 일이었다. 하루 이틀도 아니고 열흘 동안 거동이 불편한 어머니를 누가 보살핀단 말인가. 그것이 가장 큰 고민거리였다. '나 여행 갈 거야.'라며 피붙이를 부를 재간도 없고. 공부하는 작은딸에게 맡길 수 또한 없는 노릇이었다. 작은딸이 처음엔 할머니를 돌볼 자신이 없다고 했다. 딸인 나도 삼시 세끼를 챙기는 게 버거운데, 손녀가 어른을 수발하는 게 어디 쉽겠는가. 마음이 내키지 않았다. 하지만 작은딸은 결심했다. 한 번도 해외여행을 해보지 못한 어미를 위해 외할머니를 돌보겠다고 선언했다. 지금 아니면 기회는 다시 오지 않을 거라며 언니랑 떠나라고 했다.

하루, 이틀……. 드디어 여행일이 다가왔다. 한국의 가을이 떠나고 겨울이 자리를 틀 무렵이었다. 작은아이는 이탈리아의 기후에 맞는 옷을 챙겨주고 여행용품도 준비해 주었다. 11월 말의 그곳 기후는 우기라 했다. 떠나기 며칠 전부터 베네치아에 홍수가 나서 난리라고 뉴스에 나왔다. 어렵사리 가는 여행. 여행길에 올랐다가 제대로 된 구경 한번 못한다면 어찌하나. 그럴 바엔 차라리 안 가는 게 낫겠다 싶어 고민했다.

인천공항으로 가려면 큰딸이 사는 서울로 올라가야 했다. 여행 가방은 싸놓았지만, 결단을 내리지 못하고 있었다. 큰딸이 여행사와 합의 중이었으나 취소 또한 쉽지 않았다. 여행 가방을 풀 것인가 말 것인가 하며 망설이는데 작은딸이 일단 서울로 올라가라며 등을 떠밀었다. 여행도 체험이 아니냐. 홍수가 나서 여행에 어려움을 겪는 일도 추억이 될 것이다. 망설이지 말고 도전해 보라고 권했다. 가방을 끌고 집을 나와 서울로 가는 버스에 올랐다.

　여행 티켓을 끊고 난 후, 나는 두 달 동안 설렘과 환희에 차 있었다. 꿈결 같은 여정을 그리며 드라마틱한 나날을 꿈꾸었다. 상상만으로도 즐거운 일이었다. 예술과 문학의 향기를 찾아 떠나는 여행이었으니 설렘과 기대로 비행기에 몸을 실었다. 오십 대 중반에 하는 첫 해외 나들이. 그것도 먼 나라 이태리 여행이라 더 흥분되었다. 대한민국의 남해에서 지중해까지라. 하루의 반이 소요되는 장거리 비행이었다. 하나 지루하거나 힘들지 않았다. 비행기에서 내려다본 세상은 몽환적이었다. 나는 구름 위에서 날고 있었다. 진정한 비상이란 대지가 아니라 나를 벗어나는 일이라는 걸 그때야 알았다.

　달려가도 멈추어 서도 앞이 보이지 않을 때가 있다. 그럴 때는 무료하게 보내지 말고 여행을 떠나라. 어느 길로 가야 할지 더 이상 알 수 없을 때 그때가 비로소 진정한 여행의 시작이라고 했다. 자유를 갈구하며 찾아든 고향이 어머니 때문에 오히려 유배지가 될 거라는 상상은 못 했었다. 이번 여행은 그 갑갑함을 해결해 줄 정답을 찾은 셈이었다.

　이탈리아에 도착하여 딸과 함께 첫 밤을 보냈다. 호텔이라고 해야 우리나라의 여관 수준이라더니 생각보다 괜찮았다, 이국땅에 누워보는 것만으로도 만족했다. 그것도 이탈리아의 밀라노라니.

가이드의 현명한 판단으로 일정을 바꾸어 베네치아에 갔다. 우리가 가던 날 오전까지 물에 잠겼던 베네치아 거리가 모습을 드러냈다. 날씨 때문에 탈 수 없을 거라 여겼던 곤돌라에 몸을 실었다. 흔들리다 잔잔해지는 떨림. 고요한 물결을 일으키며 물의 도시를 여행했다. 성악을 전공한 현지 가이드의 노래 산타루치아를 들으며 대운하의 야경을 맘껏 즐겼다. 가이드의 노래가 절정에 치닫자, 수상택시는 어느새 베네치아를 빠져나오고 있었다.

　사람들은 봄이라도 내려온 듯 날마다 다른 옷을 차려입고 여행을 즐겼지만 나는 보고 듣고 느끼는 걸 주로 했다. 올리브나무와 포도나무, 그 사이에 사이프러스 나무가 간간이 서 있는 가을의 평원. 은은한 토스카나의 가을빛에 취해 마냥 행복해했다. 가이드가 이태리문화에 관해 얘기하면 하나도 빠트리지 않으려고 눈은 반짝반짝, 귀는 바짝 세웠다. 가이드가 여행자 중 가장 신명이 나 보인다며 웃음을 쳤다.

　소렌토에서 카프리섬으로 가는 배 위에서 환호했다. 르네상스 시대, 피렌체가 세계 문화의 중심이었듯 이탈리아는 그야말로 환상의 여로였다. 이탈리아의 장점은 천천히, 하지만 멈추지 않는다는 거였다. 에메랄드빛 지중해가 호수처럼 펼쳐진 그곳은 알 수 없는 환상으로 수놓아진 땅이었다. 불멸의 정신이 머무는 곳에서 시간을 스펀지처럼 빨아들여 재충전했다.

하루 여정이 끝나고 들어와 호텔에 누웠는데도 가을 서정은 뇌리에서 떠나지 않았다. 아직 내 감성이 살아 있음에 감사했다. 끝없는 갈망과 자유로움, 낯선 풍경 속에서 떠오르는 수많은 생각들……. 여행은 길 위에서 쓰이는 한 편의 시가 분명했다. 그래서 누구나 여행을 꿈꾸는 게 아닐까.

일상을 탈피한 이태리 여행이 주는 여유는 삶의 속도를 늦추는 낭비가 아니라 강렬한 기억으로 남을 자극제였다. 자유 그 이상의 것이었으며 새로운 성장의 기쁨을 누리게 했고, 세상을 바라보는 자세를 키운 시간이었다. 더구나 예술과 문화의 향기를 찾아 떠난 여행이어서 그리움을 자아낼 것이다. 파격적이다 싶을 에로틱한 가을 이태리 여행은 용기가 필요했던 나를 위한 기적 같은 선물이었다.

바티칸, 성베드로 성당을 빠져나와 분수가 있는 광장에 앉았다. 광장 위에 새 떼가 날아와 하늘을 덮는다. 새까만 새 떼들이 군무하자 하늘가에 붉은 노을이 번진다. 노을 진 하늘가를 비행하던 새 떼가 사라지자, 별이 뜨기 시작한다. 이젠 로마를 떠나야 한다. 별은 빛나건만, 꿈같은 날을 뒤로하고 어머니가 계신 본향으로 돌아갈 시간이다.

낯선 계절

봄날 오후, 문이라는 문은 다 열어젖혔다. 앞산에 참꽃 벌겋게 피고 연록이 짙어진다. 새소리 잦아지고 남쪽 바다에서 건너온 봄바람이 침묵하던 대지를 흔들어 깨웠다. 자연은 아무 일 없다는 듯 봄이 왔건만, 빼앗긴 마음의 뜰엔 언제쯤 봄이 올까.

춘래불사춘春來不似春. 3월 중순인데도 봄 같지 않다. 날이 추워서가 아니라 마음이 얼어붙어서다. 여느 때 같으면 봄볕에 영혼까지 달구어졌으련만, 눈과 귀가 온통 뉴스에만 쏠려 있다. 보이지 않는 적과 싸움은 치열하다. 바이러스 앞에서 세계는 쩔쩔매고 있다. 단 하나의 바이러스가 이 세상을 멈춰 서게 했다. 이를 두고 사람들은 무기 없는 전쟁이라 한다.

들불처럼 번지는 감염자 수. 날이 갈수록 사람들은 무고하게 생명을 잃고 있다. 소리도 없고 끝도 보이지 않는 싸움에 심신이 지쳐간다. 지구촌이 온통 공포의 도가니에 빠져 있고, 붉은 뿔 돋은

왕관만 봐도 섬뜩하다. 대국, 선진국도 맥을 못 춘다. 지구촌이 술렁거려도 봄은 왔다. 하나 불안과 슬픔의 연속으로 우울한 봄날이다. 세상 모든 사람이 갇혀 산다. 누가 가둔 것이 아니라 스스로 격리하는 것이다.

지난겨울, 이웃 나라에서 시작된 역병이 조용하던 지구촌에 침투했다. 전쟁이라도 난 듯 각국의 도시가 마비되고 대로변이 텅 비었다. 전쟁 통에도 문을 닫은 적이 없던 시장이 완전히 폐쇄되었다. 올림픽 개최 여부를 두고 고심하더니 연기했다. 사태는 급기야 세계의 근심거리가 되었고 세계보건기구에서는 코로나19의 세계적 대유행을 선포했다. 지구촌의 모든 시간이 멈추었고 일상이 허물어졌다.

난데없이 이산가족이 되었다. 만나야 할 사람을 만나지 못하고 만나도 경계부터 해야 하니 한숨만 깊어진다. 서울에 사는 큰딸은 책임감 때문에 일터에 나가야 하고, 남편과 작은딸이 사는 지역은 감염병 특별관리지역으로 선포되었다. 걱정이 태산 같아도 가볼 수 없고, 그곳을 피해 오지도 못하는 신세가 되었다. 이 지옥 같은 전쟁이 언제 끝날는지. 자가 격리는 두 번째 문제이고 모든 것이 마비되어 고립감과 우울함으로 더 힘겹다. 고향에서 어머니를 모시고 사는 난 봄이면 대구로 가 가족을 만나고, 문학기행에 동참하여 오랜만에 문인과 정을 나누고자 했다. 하지만 한 발짝도 뗄 수 없는 유배객이 되었다.

　일터의 문은 닫았지만, 홀로 지내는 남편 걱정으로 불면의 밤을 보내고 있다. 밖엔 절대 나가지 마라며 엄포를 놓았지만, 휴대전화 음만 울려도 가슴이 철렁 내려앉는다. 평소에는 느끼지 못했던 애틋함이다. 모든 게 낯설게 느껴지는 요즘, 인간의 본성은 나약함이 아닌 사랑임을 깨닫는다. 가족이라는 이름하에 서로를 걱정하고 있다는 것만으로도 가슴 뜨거워지는 시간이다.

　이곳은 남해, 시골이라 좀 낫다. 그럼에도 조심조심한다. 거동이 어려운 어머니와 이웃 어른을 돌보고 있기 때문이다. 노인들은 대부분 기저질환이 있어 투약 중이다. 딸이 미리 준비해 준 마스크가 있어 줄을 서야 하는 번거로움은 없다. 나에게 배부될 마스크는 코로나19와 사투 중인 숨은 일꾼에게 양보했다.

　가만히 있어도 가슴 뛰는 봄인데. 가슴에 번지는 그리움을 어찌하라고 이러는지. 마을을 찾던 관광객도 언제부터인가 발길이 뜸해졌다. 봄 손님을 받아야 할 카페도 휴업이라는 명찰을 달았다. 이맘때면 봄내 나는 화분으로 단장하고 상쾌한 음악이 흐르지만, 카페 문은 굳게 잠겨 있다.

　마을 경로당도 문을 닫아 방에서만 누워 지내야 하는 노인들은 무료함을 호소한다. 평소 친하게 지내던 지인도 멀리한다. 사람도, 그리움도 거리를 두고 지내야 한다. 누굴 믿을 수 없음이 아니라 서로를 위해 피하게 된다. 그래도 산에서는 새소리 들리고, 바다엔 봄 햇살이 일렁인다. 벚꽃은 만발하는데 체감하는 이 계절이 낯설기만 하다.

며칠 전엔 이런 일도 있었다. 어머니 때문에 가뜩이나 갇혀 사는 내가 또 다른 난관에 봉착했다. 책상 앞에 앉았는데 무언가 뚝! 하며 떨어졌다. 하나뿐인 안경이 고장 나버렸다. 고향에 급히 내려오느라 여분 없이 왔더니 눈앞이 깜깜해졌다. 당장 안경을 맞추러 갈 수 없는 지경이 되었으니 당황스러웠다. 어쩔 수 없이 예전에 다니던 안경원에 도움을 요청했다. 도수를 교정하여 사용함이 마땅하나 3년 전에 맞췄던 안경과 똑같은 걸로 보내달라고 주문했다.

비가 부슬부슬 내리는 날, 텅 빈 성 베드로 광장에서 슬픔에 빠진 세계를 위해 프란치스코 교황은 낮은 자세로 '우르비 엣 오르비(Urbi et Orbi)!' 로마시와 전 세계를 위한 특별 강복을 올렸다. 지구별의 현 모습처럼 짙은 어둠, 먹먹한 침묵, 신산한 공허함이 빈 광장을 채우고 있었다. 그 한 장면이 던진 의미는 참으로 컸다. 예고 없이 찾아든 이 바이러스는 우리에게 분명 가르치는 게 있었다.

지구가 병들었고 모든 사람이 평등하며 세계는 하나로 연결되어 있어 여권, 국경선이 별 의미가 없다. 또한 인생은 짧고 건강과 나, 가족, 이웃이 얼마나 소중한지. 우리가 이것을 얼마나 무시하고 살아왔는지를 가르치고 있다. 그래서 필수적인 것을 그렇지 않은 것들로부터 분리해야 할 시간이라 말한다. 지금 우리에겐 인내의 시간과 기다림이 필요하고, 이 전쟁이 끝난 후엔 분명 평온이 올 거라는 희망도 예견한다. 어쩌면 이 전쟁은 우리가 잊고 살아온 어두운 세계를 일깨워주는 신의 선물이 아닐까 하는 생각마저 든다.

    티브이를 끄고 꽃등 환한 모교로 산책하러 나간다. 먼 곳에서의 봄소식은 까마득한데 유채꽃은 어쩜 저리도 노랗게 출렁이는지. 오후의 햇살이 지금은 봄이라며 등에 내려와 간질인다. 하나 이 낯선 계절은 언제쯤 마음에 꽃을 안겨줄까.

    이웃의 어느 어르신이 그러더라. 이게 무신 봄이냐, 이토록 우울한 봄날은 칠십 평생 처음이라고.

3

적소에서

저녁

 들녘 사방에 저녁 거미가 깔리기 시작했다. 마당으로 나갔더니 종일 비행 연습을 하던 어미 제비가 새끼들을 잠재우러 왔다. 한 마리, 두 마리, 세 마리……. 어제 그 녀석들이구나, 하며 웃음을 쳤다. 어미 제비는 새끼 제비가 처마 아래에 자리를 잡을 때까지 빨랫줄에 앉아 비를 맞으며 지켰다.
 낮에 보이지 않던 새끼 고양이도 대숲에서 나와 텃밭에서 놀고 있다. '저런, 오후에 상추 씨앗을 심었는데 그 위에서 뛰놀면 어쩌나!' 혀를 차면서도 장난을 치고 있는 새끼들이 마냥 귀엽다. 아직 본능에만 길들어 있어 소리만 나도 도망친다. 나는 사랑채 마루에 지그시 앉아 동태를 살폈다. 때때마다 챙겨 먹였더니 제법 컸다. 은혜의 보답인지 어느 날 마당에 커다란 쥐 한 마리를 잡아다 놓아서 까무러치게 놀랐다.
 보름 전, 배가 홀쭉한 고양이 한 마리가 어슬렁거리며 마당을 건너갔다. 마음이 생명을 살린다더니 평소 고양이를 경계하던 내게 느닷없이 자비심이 생겼다. 밥그릇을 장만하여 먹이를 주기 시작했다. 조석으로 챙겨 먹였더니 어느 날 새끼 고양이 두 마리를 데리고 왔다. 그때야 어미 고양이인 줄 알았다. 젖을 물리는 중인지 붉은 젖무덤이 봉긋 보였다.

어미는 매일 끼니때가 되면 뒤뜰에 와서 기다렸다. 언제나 음식을 먼저 맛본 후 새끼들을 불렀다. 어스름이 깔리니 저희 세상인 양 뛰놀던 새끼 고양이들이 밥그릇 옆으로 다가오다가 나를 보고 쪼르르 도망쳤다. 방해꾼이 된 것 같아 안채로 들었다. 잠시 후 뒤뜰에서 '달그락, 달그락……' 밥그릇 핥는 소리가 났다.

처마 아래를 보니 언제 날아들었는지 새끼 제비가 두 마리 더 앉아 있다. 마루에 앉았던 어머니께서 "오늘은 두 마리를 더 데꼬 왔네." 하시며 빙그레 웃으셨다. "엄마, 똥 싼다고 쫓지 마세요. 잘 커서 강남으로 가게요." 미소를 머금은 어머니는 고개를 끄덕이며 안방으로 드셨다.

새끼는 모두 귀엽다. 고양이 새끼, 제비 새끼, 사람이 낳은 아가도 얼마나 사랑스러운가. 어미의 보호 본능이야 말할 것도 없고. 새끼를 지키려고 고양이가 마당만 건너가도 어미 제비는 낮게 비행하며 위협했다. 어미 고양이 역시 내가 텃밭으로 가려 하면 입가 수염을 바짝 세우며 으르렁거렸다. 내가 아가였을 때 어머니도 병마와 사고를 입지 않도록 노심초사했을 것이다.

하루를 정리하고 있으니, 어둠이 깔리고 밖이 고요해졌다. 마루로 나가 새끼 제비들이 놀라지 않도록 문을 살살 닫고 커튼을 쳤다. 날이 새면 새끼 제비들은 날개에 힘을 돋우기 위해 공중으로 나갈 것이고, 어미 고양이는 새끼들을 데리고 뒤뜰로 와 나를 기다릴 터이다. 이젠 녀석들이 보이지 않으면 내가 더 불안하고 궁금하다.

내리 이틀 장맛비가 내렸다. 비를 피해 오글오글 모여 있는 고양이 가족을 위해 창고 안에 거처를 마련해주었다. 보슬보슬 비가 내리는데도 어미 고양이는 새끼들을 데리고 지붕 위를 오르락내리락하며 길들이기 훈련을 시켰다.

저녁 무렵 비가 그쳤다. 여느 날처럼 밥을 주고 한 시간쯤 지났을까. 어미 고양이가 하도 애타게 울어 나가보니 아랫집 뒤뜰에서 새끼 고양이가 울고 있었다. 어미 고양이는 울타리에서 내려다보며 이러지도 저러지도 못했다. 망설이다, 뛰어내리더니 이내 올라와 위에 있는 새끼를 살폈다. 담 아래 있는 새끼가 계속 울자, 어미는 또 울타리를 넘었다. 멈칫거리던 새끼 한 마리도 몸을 날렸다. 상봉했으니 데려오겠지. 나는 무심한 척하며 방으로 들었다. 밤에도 고양이가 계속 울어 잠을 이룰 수 없었다.

다음 날 아침, 나른한 몸을 일으켜 밖으로 나갔다. 새끼를 데려오지 못한 어미가 울고 있었다. 갈치 대가리를 삶아 여느 날처럼 어미에게 주었다. 새끼들의 밥은 어떡하나? 걱정하며 설거지를 마쳤다. 마당으로 나가 내려다보니 새끼 고양이가 갈치를 먹고 있었다. '저걸 언제 가져다주었지?' 너무 놀라 멍하니 서 있으니 어미 고양이가 갈치를 물고 또 언덕을 내려가고 있었다. 누가 이를 두고 거룩한 본능이라고 했나. 본능적이고 무조건적인 모성애는 짐승이나 사람이나 별반 다르지 않았다. 안 되겠다 싶어 장갑을 끼고 아랫집 뒤 모퉁이로 갔다. 새끼들이 울을 넘도록 나무 둥치를 언덕에 걸쳐두었다.

해가 이울고 저녁이 왔다. 어린 새가 잠들 곳으로 들고, 야행성인 고양이는 활기 만만할 시각이다. 저녁을 먹던 어미가 어느새 사라지고 없었다. 남은 음식을 새끼들에게 어찌 주려고? 괜한 걱정을 하는 사이, 새끼들이 와서 밥을 먹고 있었다. 반가운 나머지 멀찌감치 앉아 녀석들을 지켜봤다. 언제 들었는지 처마 아래 전선에 새끼 제비들이 나란히 앉아 있었다.

붉은 놀이 졌다. 칠월이지만 저녁 공기가 부드럽다. 고양이 우는 소리가 나지막이 들려 마루로 나갔다. 현관 앞에 어미 고양이가 벌러덩 누워 꼬리를 살랑살랑 흔들고 그 옆에서 새끼들이 장난을 치고 있다. 이제 나를 믿는다는 표시인가. 나는 웃음을 치며 방으로 들었다. 오늘 밤에는 단잠에 빠질 수 있겠다. 사위는 점점 어둑해지고 마을 골목을 밝히는 가로등 불빛이 은은하고 곱다.

꽃이 간다

사무치게 그리웠다. 고혹적인 그이를 만나기 위해 수년 동안 앓았다. 병치고도 난치병이었다. 벼르고 벼르다 기회가 왔다. 고향 집에 어머니를 홀로 두고 길을 떠났다. 고심, 고심 끝에 떠난 길이었지만, 그이의 화려한 모습을 볼 수 있을까. 해탈의 다리를 건너 화엄의 세계에 드니 흥분이 가라앉았다. 그이의 빛을 볼 수 있길 염원하며 화엄사 경내로 들어섰다.

눈을 크게 뜨고 사방을 두리번두리번······. 각황전을 찾다가 흑매黑梅가 어디 있냐며 스님께 여쭈었다. 스님은 왜 이렇게 늦었냐는 듯 혀를 차며 낡은 전각을 가리켰다. 한발 늦었다. 인연은 하늘이 만드는 것. 연이 거기까지라면 어쩔 수 없는 일이다. 전각으로 오르는 계단을 한달음에 뛰어올랐다. 산자락에는 산 벚꽃 피고 연록이 한 폭의 수채화를 그리는데 퇴색한 각황전은 묵언에 들어있다. 전각 모퉁이에 그토록 그리워하던 매화나무 한 그루가 의연하게 서 있다.

단청 없는 각황전이 천둥 같다. 함부로 범접할 수 없을 만큼 진중한 자태의 전각과 나란히 서 있는 한 그루의 매화나무. 붉다 못해 피처럼 검붉다는 매화가 몇 송이만 남은 채 지고 있다. 흑매의 고아함은 볼 수 없으나 꽃을 내려놓는 모습이 경이롭다. 고혹적인 꽃은 시들고 있지만, 나무는 초연하다. 혹시나 했던 기대마저 무너졌지만, 그이를 만난 것만으로도 족하다. 고매하다는 것은 화려한 꽃을 달고 있을 때만 부르는 말이 아니리라.

화엄華嚴은 끝없이 넓고 큰 불법佛法을 뜻한다. 여러 가지 수행과 많은 선행이나 덕행을 쌓아 장엄하게 맺은 결실을 일컫는 말이다. 그렇다면 각황전 옆에 핀 흑매의 뿌리는 화엄의 꽃가지가 아닐까. 삼백 년이 넘는 공덕을 쌓지 않고서야 어찌 화엄의 꽃을 피울 수 있겠는가. 죽은 듯 잠자던 가지에서 그토록 장엄한 꽃을 피운다니. 그래서 흑매를 부처의 자비처럼 찾아와 봄날을 찬미하는 염화의 꽃이라 부르는가 보다.

수백 년의 세월을 살아온 연륜만큼 매화나무는 그윽하다. 두 줄기가 서로를 보듬으며 뻗어 꽃을 피우고 보낸다. 흑매는 구도의 꽃이자 깨달음의 꽃이라는 경외감 때문일까. 꽃 지는 모습을 보고 있어도 감동이 밀려온다. 몇 송이 남은 검붉은 꽃이 색을 잃어, 백골이 드러난 각황전 단청과 어우러진다. 침묵하며 서 있는 모습이 서로 닮아 늙은 수도승 같다.

꽃이 지는 허공은 고요하다. 꽃 지는 모습에 취한 나는 화엄의 뜰을 떠나지 못한다. 삼백여 년 전, 각황전 상량식 때 심었다는 매화나무가 화엄의 빛을 뿜어낸 후 시들고 있다. 눈물처럼 허공에 쏟아졌다 남은 꽃 몇 점이 구도자의 길에 핀 꽃처럼 붉다. 화려하게 피어 있을 때보다 꽃 지는 모습의 고요가 오히려 숙연하게 만든다.

꽃은 피는 순간부터 지기를 순응한다. 꽃이 진다는 것은 한 생명이 다른 생명으로 건너감을 의미한다. 성숙으로 간다는 뜻이다. 고혹적인 매화가 피고 지기까진 수행의 시간이 필요하다. 긴 겨울의 찬바람과 눈보라를 이겨내고 봄이 되어 환하게 피었다가 꽃을 저렇게 보내는 것이리라. 자연의 순리에 따라 꽃이 피고 지듯 여자도 꽃다운 젊음을 내려놓고 꽃을 보내야 할 때가 온다. 붉은 법열을 토해낸 후 시들어가고 있는 모습이 마치 살아가면서 자연스럽게 찾아오는 폐경기 같다.

꽃을 보내는 나무처럼 나도 완경에 이르렀다. 스스로 몸을 놓고 한없이 가벼움으로 돌아가고 있는 한 생의 파편. 여자에게 있어 완경이란 다시는 꽃이 오지 않는 것을 의미한다. 지난봄부터 내 몸에 꽃이 오는 횟수가 잦아지더니 올봄엔 소식조차 뜸하다. 여성을 의미하는 꽃은 나에게서 가고 폐경기 증상을 겪고 있다. 밀려오는 세월의 무게를 물리적으로 덜어내 보려고 하지만 탄력을 잃고 하나둘 주름이 생긴다. 불청객처럼 찾아오는 불면증으로 밤을 하얗게 새우기도 하고, 느닷없이 나타나는 단기기억 상실에 깜짝깜짝 놀라기도 한다.

하나 이 순리를 아무도 거역할 순 없다. 한때 잘 나가던 여배우도, 성공한 커리어우먼도 폐경기 증후를 숨기기 위해 전전긍긍하지만, 완경 후에 나타나는 증상을 피할 수 없다. 심지어 성욕 감퇴까지 겪는다고 하지만 나는 생명이 끝났다는 좌절감은 들지 않는다. 진정한 여성으로 완성된 것 같아 오히려 뿌듯하다. 폐경은 여성으로서의 소임을 끝낸 것이 아니라, 완전한 여성으로 거듭나기 때문이다.

완경을 자연스럽게 받아들이니 생각도 바뀌었다. 꽃이 떨어져도 봄은 그대로 있듯이, 나에게 더 이상 꽃은 오지 않겠지만 생은 더 깊이 익으리라 믿는다. 피는 꽃만 꽃이 아니라, 지는 꽃도 꽃이었다. 꽃이 지면서 뿜어내는 저 황홀한 향기처럼 꽃이 시들고 졌어도 나는 울지 않으리라. 나무는 꽃을 버려야 열매를 맺고, 강은 강을 버려야 바다에 이른다는 화엄경의 전언처럼.

봄날 한나절이 꿈결 같고, 꽃 지는 모습이 눈물겹다. 화엄의 뜰을 떠나지 못하는 나처럼 구름도 따라 멈춰 섰다. 검붉은 꽃구름을 드리운 매화의 모습은 볼 수 없었지만, 치열한 구도를 상징하는 모습 앞에서 말을 잊었다. 적막 속으로 지고 있는 불꽃을 아스라이 바라보며 완경에 이른 나를 보듬는다. 마지막 정염의 불꽃이 지고 가벼워진 몸. 이제 내 안에 머물던 우주가 고요해지고 있다.

앵무새가 사는 바다

잔잔한 수면 위로 조잘대는 달빛이 흐른다. 달빛 그윽한 밤, 앵무새가 사는 바닷가에 서 있다. 앵강만에 흐르는 달빛을 보기 위해 십 리 길을 달려왔다. 달빛이 가장 깊은 정월 대보름날이다. 만월의 달빛에 물결이 일지만, 바다는 잔잔하다 못해 고요하다.

앵무새가 우는 바다라니. 이름만 들어도 호기심이 동하지 않는가. 앵무새 우는 소리가 들릴 만큼 고요한 바다라는 뜻이다. 그만큼 앵강만은 조용하고 잔잔하다. 마치 어머니의 자궁 속 같다.

고향 다랭이마을을 드나드는 길은 두 갈래가 있다. 나는 앵강만을 끼고 달리는 이 길을 선호한다. 그 바다는 언제 보아도 평온하기 때문이다. 잔잔한 바다를 보고 있노라면 마음이 절로 고요해진다. 다랭이마을 바다가 남성적인 매력이 있다면, 앵강만은 여성적인 매혹을 지녔다. 그 바다 옆을 지날 때면 무심할 수 없다.

만灣으로 들어선 평온한 바다의 풍경이 발길을 붙들기 때문이다.

앵강만은 늘 마음속에 품고 사는 호수 같다. 언제 보아도 오후 네 시의 풍경처럼 한가롭다. 햇살은 적당히 차분하고, 빛을 들인 사물은 한지에 퍼지는 연한 풍경처럼 고즈넉하다. 만선의 깃발을 내린 고깃배들이 어머니의 자궁에서 잠이 든 듯하다. 품이 평온하면 누구든 머물고 싶고, 휴식을 취하고 싶다. 나는 이곳을 지날 때마다 모성의 본능을 느끼며 넋을 놓는다.

새벽녘에 출항할 배들이 잠을 자고 있다. 휴식에 든 어선이 여유롭고 물가도 고요하다. 바다가 그려낸 풍경은 마음을 한없이 편하게 한다. 좋은 풍경 앞에서는 누구나 속도를 늦추거나 멈추기 마련이다. 숱하게 이 길을 지나다니지만, 그럴 때마다 차를 세우곤 한다. 누군가의 걸음을 붙들 수 있음은 그만큼 매력이 있다는 증거일 터. 바다에 풍덩 빠지고 싶은 충동이 생길 만큼 평온한 만灣은 바다마을을 에두르고 있다. 건너편엔 비단 두른 금산 자락이 누워 있고, 노도도 한눈에 들어온다. 어머니를 닮은 바다처럼, 앵강만을 바라보는 금산이나 바닷가 마을도 평화롭기는 매한가지다.

소학교에 다니던 시절, 이곳 숲으로 소풍을 자주 왔다. 어머니께서 정성스레 담아 싸주신 도시락을 허리춤에 차고 노래하며 걸어서 찾던 곳이었다. 십 리 자갈길을 걸어 바닷가 숲으로 와 보물

찾기했다. 그 시절 소풍이라면 풍경 보는 재미보다 용돈 받는 재미가 더 쏠쏠했다. 삶은 계란 맛은 또 어떠했고. 계란 하나, 천 한 조각도 귀했던 내남없이 가난하던 시절이라 그날 받은 오십 원짜리 동전 하나는 거금이었다. 소풍 가기 전날, 비라도 내리면 어쩌나 하고 밤하늘을 몇 번이나 올려다보았다.

　추억어린 풍경을 지금도 사유할 수 있으니 얼마나 행운인가. 눈과 마음이 열리지 않으면 느낄 수 없는 것이 길이고 풍경이다. 어머니의 몸 안에 바다가 있듯이 이곳에도 어머니가 계신다. 어둠을 밝히는 섬마을을 에두르고 있는 앵강만은 어머니의 자궁. 평안한 자궁 속에서 태아들이 꿈나라에 든 것처럼 앵강만에 머무는 섬과 배, 생물들이 꿈을 꾸고 있다.

　한자로 바다 해海자에는 어머니를 뜻하는 모母자가 들어 있다. 프랑스어로 어머니(la mère)는 바다(la mèr)를 품고 있다. 놀라운 것은 과학자들도 그와 똑같은 말을 한다. 그것도 그냥 바다가 아니라, 최초의 생명 세포를 태어나게 한 태고의 바다가 어머니의 자궁이라고 말한다. 그 이유는 바닷물과 어머니의 자궁 속 양수 성분이 비슷하고, 거기에서 생명의 기적이 생겨나기 때문이다. 나 자신도 작품 〈저무는 강〉에서 생명의 모태는 태초의 바다라고 쓴 적이 있다.

　달빛 흥건한 앵강만에 취해 나는 옴짝하지 못하고 섰다. 만월의 달빛이 은실을 풀어놓는 듯 흐른다. 달빛이 물을 만나 월인月印이라는 문자를 새긴다. 마음으로 봐야 느낄 수 있는 문자다.

 남해에서 달빛 곱기로 손꼽는 앵강만. 달빛 감도는 고요한 바다의 서정과 밤바다의 정지된 시간에 사로잡혀 앵무새의 노래를 듣는다. 고요히 일렁이는 은빛 윤슬은 상큼한 갯내와 달빛이 빚어내는 밤바다의 교향곡이다. 나는 앵무새가 사는 바닷가에 서서 우주를 만난다. 어머니의 자궁 같은 앵강만에 숨죽이며 살았던 서포 선생님처럼, 나 또한 글과 동무하며 어머니가 계시는 남해에서 살다 살다 세상 떠나리라.

적소에서

과거를 품은 섬으로 가는 날이다. 소반에 어머니의 점심을 차려두고 길 위에 선다. 얼마만의 외출인가. 설흘산에 흐르던 구름이 걷히고 노도 위 하늘이 회색 구름을 밀어낸다. 날이 갤 모양이다. 백련마을에서 배에 올랐다. 그 섬에 가면 조선의 문장가가 불렀던 사모곡을 들을 수 있을 터. 현재와 과거를 잇는 뱃길 칠 분을 달려 노도에 당도했다.

선창에 내리자마자 눈에 들어선 것은 책을 상징한 조형물이다. 책을 펼친 모양의 조형물 한 페이지에 문장이 가득 채워져 있고, 또 다른 페이지에는 동백나무에 앉은 앵무새와 서포 선생의 형상이 새겨져 있다. 선생은 무슨 중죄를 지어 섬으로 와서 또 섬으로 유배되었을까. 이곳은 탱자나무 울타리 대신 바다가 위리안치다.

섬에 유배된 문장가는 산과 바다에 마음을 심고 글을 썼다. 세상의 모든 부귀영화는 한바탕 허망한 꿈에 불과하다는 『구운몽』

을 집필했고, 처첩 갈등을 다룬 가정소설『사씨남정기』를 써서 왕을 비판하기도 했다. 쓸쓸한 적소에서도 상심한 어머니를 위로하기 위해 붓을 벗 삼았다. 나라까지 걱정하며, 흐려진 임금의 마음을 참회시키려고 했다.

긴 문장에 쉼표가 필요하듯, 이태 전 나는 모든 걸 내려놓고 고향인 남해 섬에 들어왔다. 내가 남으로 온 뜻은 병든 어머니를 모시며 글을 쓰기 위함이었다. 고향으로 돌아와 꿈을 꾸고 있지만 유배가 될지 몰랐다. 꿈은 꿈일 뿐 현실은 신기루가 아니었다. 꼭 죄를 지어야만 갇히는 게 아니라는 걸 깨달았다. 지친 몸 의지할 곳은 자연이라고 하지만, 도시 생활에 중독된 나는 시나브로 외로움에 몸서리를 친다.

귀향 후, 첫해는 매달 한 번씩 도시로 갔다, 그리운 가족과 문우를 만나 정을 나누었다. 두 해째 되던 봄날 뜻밖의 복병을 만났다. 이웃 나라에서 창궐한 코로나바이러스가 걸림돌이었다. 지구촌에서 처음 발병한 바이러스라 대국도 맥을 못 추었다. 국경선이 있어도 막지 못하는 역병. 특히 내가 살았던 지역에 들불처럼 번져 발길을 막았다. 나를 위함이 아니라, 기저질환이 있는 어머니를 위해 외부로 가는 발길을 끊었다. 어머니를 위해 출타는 꿈도 꿀 수 없으니, 유배나 진배없다.

어머니는 평생 일만 하다 노쇠하셨으니 해만 지면 잠자리에 드신다. 당신 혼자 계시는 게 두려워 잠시 마실 다녀오는 것도 싫어한다. 나이 들면 아이가 된다더니 그 말이 딱 맞는 듯하다. 나는 전생에 어머니께 무슨 죄를 지어 봉양하러 왔을까. 키워준 대가라기보다 어머니께 갚아야 하는 빚이 있어 이러는 게 아닌가도 싶다.

고독한 사람에겐 천혜의 자연도 별거 아니라고 여겨질 때가 있다. 과거의 사람들은 죄를 지어야 위리안치에 갇혔지만, 현대 사람들은 자유를 찾아 길을 나서도 또 다른 섬에 갇히고 마는 것 같다. 간사한 게 사람 마음이라더니 우울감에 사로잡혀 있다가도 어느 날엔 정신이 번쩍 든다. 주어진 이 시간을 헛되이 보내지 말고 글에 몰입하자며 책상 앞에 궁둥이를 붙인다.

그리움의 동산에서 바다를 보니 희미하게 섬이 보인다. 고향 언덕에서 아득하게 보이는 그 섬은 구름 아래 웅크리고 앉은 작은 꿩을 닮았는데, 노도에서 바라본 저 섬은 붓을 바다에 거꾸로 꽂아놓은 모습이다. 보는 곳에 따라 달리 보여 이름이 여럿이지만 노도에서는 문필봉이라 부른다.

섬이어서 더 외로웠을 시간. 선생은 고독한 순간마다 문필봉을 바라보며 붓을 들고 싶은 충동을 느끼지 않았을까. 그리움이 파도처럼 밀려들 땐 바다에 담긴 붓을 꺼내어 사모곡을 썼으리라. 고향에서 문장가가 되겠다며 꿈을 꾸는 나 역시 그러하다. 설사 그것이 구운몽처럼 헛된 꿈에 불과할지라도. 나는 적소에 머무는 동안 그 꿈을 버리지 못할 것이다.

  섬을 떠나야 할 시간. 다시 선창가에 섰다. 서포 선생은 결국 뭍으로 나가지 못하고 이 섬에 뼈를 묻었다. 문장가의 넋을 뒤로하며 부둣가에 펼쳐놓은 책을 읽는다. 선생의 혼이 담긴 글을 한 줄, 한 줄 더듬는다. 조형된 문장은 창살 없는 감옥에 갇혀 지내는 내게 자극제이다. 문장을 읽고 나니 외로움과 욕망을 떨쳐버려야 내 문학도 꽃으로 피어날 거란 생각이 든다.

  생은 미완의 가을처럼 무상한 몸으로 잠시 살다 가는 것. 하루란 시간의 단위가 아니라 소중한 인생의 역사다. 한 사람의 인생을 가치 있게 만드는 건 셀 수 없는 많은 시간이 아니다. 구운몽처럼 부질없었던 생의 집착에서 벗어나야 비로소 소중하고 의미 있는 무언가를 찾게 될 것이다.

  뱃머리에 서서 멀어지는 섬을 본다. 뭍으로 향하는 배 위에서 연꽃 한 송이를 본다. 사람들은 노를 닮은 섬이라고 하지만, 나는 왜 저 섬만 보면 바다 위에 핀 연꽃 같을까. 문학의 섬, 노도는 내게 늘 그런 심상을 품게 한다.

봄을 깨다

겨우내 방에만 머물던 엄마들이 햇살을 등에 지고 마당에서 서성인다. 봄기운은 처녀의 가슴에만 오는 게 아니라, 팔순 넘은 엄마들 몸에도 덩달아 왔다.

며칠 전부터 뒷집 엄마는 "산 밖, 우리 밭에 머구가 올라왔을 낀데." 하시며 끙끙 앓았다. 지난해부터 들에 나가지 못한 뒷집 엄마는 묵정밭이 되어버린 그곳을 가보고 싶은 눈치였다. 며칠 전, 그곳으로 가다가 발걸음이 떨어지지 않더라, 하시며 되돌아 오셨다. 밭에 얼마나 가고 싶으면 저러실까 싶어 나랑 같이 가보자고 했다.

그 말을 잊지 않은 뒷집 엄마는 밭에 갈 차림으로 와서 기다렸다. 어머니의 점심상을 물리고 설거지를 하고 있으니, 걸음 시원찮은 당신이 먼저 가고 있을 테니 치운 후에 오라며 마당을 나가셨다. 서둘러 설거지를 마치고 소쿠리와 칼을 챙겨 들길로 나갔다. 그 길은 분꽃이 곱게 피는 지게길이다. 예전에 아버지는 지게 지고 그 길로 나가셨고, 나는 허리춤에 책보를 매고 학교로 오가던 길이었다.

해풍이 잠을 깨우는 삼월의 들녘에는 남녘 바다에서 건너온 봄이 자리를 틀고 있다. 논두렁에는 노란 민들레가 방실방실 웃고, 개불알꽃이 앙증맞게 피었다. 풀숲에는 파릇파릇한 쑥이 고개를 쑥 내밀고 있다.

"난 우리 밭에 가볼 테니 넌 여기서 천천히 쑥을 캐고 있거래이." 마음이 앞선 뒷집 엄마는 조심조심 언덕을 내려갔다. 마른 풀숲, 쑥 덤불 속에서 여린 싹이 몸을 키우고 있다. 쑥 이파리가 손가락을 펴기도 전에 칼날을 넣었다. 손에서 봄 냄새가 났다. 옆에서 납작 엎드려 뿌리를 내린 냉이가 벌써 꽃봉오리를 만들었다. 남해의 봄은 언제나 앞서 왔다. 고향 언덕에서 쑥을 캐고 있으니 옛 추억이 아지랑이처럼 피어오른다.

소학교에 다니던 시절, 고향 봄은 소꿉친구의 치마에서 번졌다. 남녘에서 불어온 갯바람이 마을을 타고 오르면 학교에서 돌아오기 무섭게 들로 내달렸다. 개나리꽃 닮은 고무 치마를 입고 바다가 보이는 논두렁으로 달려가 막 돋아난 쑥을 한 바구니씩 캤다. 쑥도 쑥이지만, 고개를 막 내미는 봄의 새싹들이 마냥 좋았다.

보물찾기라도 하듯 양지바른 가시덤불이나 풀숲, 돌 밑까지 뒤져 갓 돋아난 쑥을 찾아냈다. 동그란 바구니에 한가득 차오르면 가슴이 설레었다. 쑥을 캐는 일은 봄을 캐는 것이었다. 논둑에 난 다북쑥처럼 소꿉친구들은 바다를 보며 꿈을 키웠다. 그때 불렀던 봄노래가 아직도 어슴푸레 떠오른다. 선생님의 풍금 소리가 추임새를 넣지 않아도 목청껏 노래를 부를 수 있었던 곳이 들이었다.

봄을 캐던 동무들은 논 자락 사이에 있는 바위에 모여 앉아 쑥을 다듬었다. 바위 위에 봄볕이 강아지처럼 뒹굴다 갔다. 새끼손가락 같던 쑥이 엄지만큼 자라면 가족의 밥상에 올랐다. 멸치 한 줌 넣어 상큼한 쑥국 끓이고 밀가루를 섞어 쑥버무리도 해 먹었다. 쑥을 말려 저장해두었다가 설날이 되면 쑥떡을 했다. 도심에 살면서 이맘때가 되면 향수병을 앓았다. 얼음장 밑에서 봄이 오는 소리가 들리면 어김없이 그 병이 도졌는데 올해는 고향에서 이렇게 봄을 캐고 있다.

뒷집 엄마는 어디에 계시나? 봄을 캐다가 바닷가 언덕으로 내려갔다. 언덕 풀숲에 퍼질러 앉은 뒷집 엄마가 머위를 캐고 계신다. 얼굴색이 봄볕처럼 환하다. 봄을 캐고 싶어서 그렇게 앓았던가 보다. 언덕배기 밭에 나도 들어가 머위를 캐기 시작했다. 머위를 열심히 캐던 뒷집 엄마는 "상년 이후 밭에 오지 못해 덤불로 덮였네."라며 혀를 찼다.

바다 위 가파른 언덕에 자리를 튼 터는 이미 묵정밭이 되어 있었다. 언덕이 무너져 밭이라고 할 수 없을 정도였다. 마른 풀숲을 헤치고 나도 머위를 캤다. 토시를 끼지 않은 손목에 마른풀이 스쳐 상처가 났다. 아기 손바닥만 한 첫물 머윗잎이 싱그럽다. 잎 부분만 캐고 있으니, 줄기부터 캐야 진짜배기라고 일러주셨다. 나는 순 엉터리 농사꾼이라며 웃음을 쳤다.

해풍이 물큰한 갯내를 실어 왔다. 바래길을 걷던 사람들이 무얼 하느냐고 물었다. 뒷집 엄마는 지나가는 여행객에게 "머구 사 가이소!" 하며 웃었다. 봄이면 머위를 캐다가 팔아 용돈을 쏠쏠하게 벌였던 모양이었다. 손에 상처가 나도 봄을 캐어 보탰다. 기분이 좋으신지 뒷집 엄마는 봄같이 웃었다. 봄이면 저 재미로 살아 온 것이었다. 가파른 언덕에 앉아 머위를 캐는 모습을 보며 봄은 곧 보약이라는 생각이 들었다.

등에 내리는 봄볕이 따스했다. 봄 햇살까지 든 바구니가 제법 묵직하다. 허리를 펴니 바다 위에 윤슬이 반짝반짝 빛을 내고, 햇살이 물결 위를 나붓나붓 떠다닌다. 상쾌하다. 오늘은 나도 봄을 깨어 팔지 않았는가. 봄볕이 등을 따사롭게 하듯 나 역시 봄 향기를 나누었다.

쑥 바구니를 들고 집으로 왔다. 마루에서 기다리던 어머니는 봄을 다듬었다. 쑥을 가리고 머위의 진 잎을 갈무리했다. 욕실에서 들으니 두 엄마가 나누는 대화가 봄처럼 따스하다. 오늘 저녁에는 어머니를 위해 쌀뜨물 받아 된장 풀고 조개 한 움큼 넣어 보글보글 끓여야겠다. 봄 쑥국은 문 잠그고 먹고 보약과도 바꾸지 않는다고 했잖은가. 저녁상은 봄 향기로 가득하여 마냥 행복할 것 같다. 남녘들에 쑥, 머위가 돋았으니 머지않아 앞산엔 벌건 참꽃이 산색을 바꿀 터이다.

유월 풍경

바람부터 다르다. 시원한 바람이 비를 품고 있다. 노목의 가지에 날아든 새가 고요한 공중을 깬다. 둥지에서 막 나온 새끼 제비가 무리를 지어 위아래로 한창 비행 연습 중이다. 바위 옆 언덕에 핀 수국이 새색시의 볼처럼 탐스럽다. 멀리 있는 바다 위에 회색 구름이 몰려온다.

뻐꾹뻐꾹! 앞산과 뒷산에서 뻐꾸기의 합창이 절창이다. 때는 바야흐로 모내기철이다. 너럭바위에서 전해지는 차고 거친 기운이 엉덩이를 자극한다. 바다 위 소치섬은 말이 없고, 조업 중인 어부의 손이 분주하다. 이팝나무 바로 아래엔 수년째 비어 있는 집이 있다. 홀로 살던 친구 어머니께서 아들네 집으로 간 후 텅 비었다.

엄벙덤벙 세월을 보내고 있다. 채찍질하지 않아도 하루하루는 잘도 간다. 너럭바위에 앉아 세월을 낚고 있으니 '유수 같은 세월~' 하며 아버지께서 즐겨 부르던 노래가 귓전에 맴을 돈다. 뿌연

대기 사이로 유월의 햇살이 비집고 나와 다랭이논에 내린다. 철이른 더위까지 찾아와 후텁지근하다. 그래도 땅은 향기롭고 가슴은 뜨겁다.

설흘산 자락이 흘러내린 언덕에 모내기가 한창이다. 다랑논에 모내기가 시작된 지 보름이 넘었다. 벌써 끝나야 할 모내기이지만, 열악한 터전이라 일이 더디기만 하다. 도와줄 처지 또한 못 되니 무어라 할 말이 없다.

일손이라 해봐야 오륙십 대 오빠, 동생들이다. 농기계가 들어갈 수 있는 논은 그나마 다행이다. 트랙터가 모를 심을 수 없는 다랑논에는 부녀회원들이 손수 모내기해야만 한다. 방수 바지에 긴 장화를 신은 아낙들의 뒷등 위에 구름 사이로 나온 뙤약볕이 내리쬔다. 물은 부족하고, 습도까지 더해져 무더위로 논일하는 사람들의 등이 흠뻑 젖었다. 터를 지키기 위해 그들은 매일 논으로 나왔다. 평지라면 농기계로 진즉 마무리했을 텐데 다랭이논의 특성상 그렇지 못하다. 저들이 마음을 다해 모를 심는 것은 강인한 터 사랑 때문일 것이다.

"비가 와야 할 낀데……."

이웃 마을에는 벌써 모내기가 끝났다며 장에 다녀온 어머니들은 애를 태웠다. 노쇠하여 일을 거들지 못하는 어르신들의 탄성에 가슴이 아렸다.

물이 귀한 이곳에서 모내기하기란 쉽지 않다. 마을 뒤 저수지 보를 틀고 바다로 내려가는 개울물을 다 가두어도 층층이 있는 논에 물을 댈 수 없다. 그렇다고 하늘만 믿고 기다릴 순 없는 노릇이다. 마을 청년들이 팔을 걷어붙이고 유월의 태양과 맞섰다. 밀짚모자를 쓰고 토시를 껴도 뜨거운 태양과 맞서는 청년들의 얼굴은 온통 구릿빛이다. 푹푹 찌는 날씨. 흐르는 땀도 땀이지만, 습기 찬 공기가 치덕치덕 몸을 휘감는다.

고생하는 남정네들을 위해 이장 사모님은 콩을 갈아 얼음을 띄워 새참으로 내오고, 지난 칠월칠석에 시집온 새댁은 새신랑을 위해 수박 한 통을 들고 낑낑대며 들로 나왔다. 마음을 아는 건 이녁만 한 사람이 또 있을까. 안 해본 일을 하는 새신랑은 밤마다 끙끙 앓는다며 새댁이 안쓰러워했다.

사십 끝자락에 결혼한 새신랑은 농부의 아들이다. 결혼은 늦었지만, 새댁이 야무지고 똑소리 난다. 요새 여인답지 않게 신랑의 고향에 터를 잡은 새댁의 모습을 보면 흐뭇하다. 이곳에서 몸을 갈고 살았던 그의 아버지는 아이들에게 농사를 시키지 않았다. 농사를 짓는 게 얼마나 고된 줄 알기 때문이다. 이젠 팔순이 넘어 허드렛일만 거들 뿐이다. 그 아버지를 대신해서 이제 아들이 터를 지킨다.

아버지를 이어 고향에 들어온 큰집 조카는 앞으로 마을을 이끌어 갈 사람이다. 마을 행정을 보는 사무장으로 마을의 발전에 힘쓰고 있다. 앞으로 십 년, 이십 년 후면 빈집이 많아질 터이고 터전을 지킬 사람은 이들뿐이다. 오십 대인 이들에게 희망을 건다. 꼭 이 터전을 지켜달라고.

　서러움이 뚝뚝 흘러내릴 것 같은 산자락에 터를 잡고 사는 사람들. 걸음마다 주름살이 깊어지는 그들은 지천명, 이순을 넘긴 사람들이다. 일흔을 넘긴 오빠도 있다. 어떻게든 모내기철을 넘기지 않으려고 용을 쓴다. 길을 트기 위해 풀을 베고, 트랙터로 논을 갈면 논두렁을 만든다. 그 모습을 보니 아련한 기억 속의 바람 한 줄기가 가슴을 파고든다.

　다랑논을 일구며 산 사람들이 가장 힘들어할 때는 모내기철. 하늘만 쳐다보며 농사짓는 사람들은 모내기하고 나서도 노심초사했다. 자기 논을 지키기 위해 물도랑 입구에 변을 싸놓기도 했다. 논에 들어갈 물꼬를 지켜야 했기 때문이다.

　비 오는 날이면 아버지는 무거운 비옷을 걸치고 들로 나가셨다. 못자리에 물이 솟아 드는 걸 보시고 오면 만면에 웃음이 가득했다. 가뭄이 이어지던 어느 해에는 물꼬를 막는다, 튼다는 문제로 이웃 논 주인과 언성을 높이기도 했다. 아무리 인심이 좋아도 하늘만 쳐다보고 농사를 짓는 이곳 사람들에겐 물이 우선이었다. 그것이 이곳 사람들의 삶이었다.

이곳에선 누구나 부지런히 산다. 그중 마을에서 부지런하기로 소문난 세 사람을 꼽는다면 동섭 오빠와 두봉 오빠, 그리고 김태권 어르신이라고 했다. 두봉 오빠는 아침 일찍 우사에 나가 소를 키우며 주차관리까지 하시고, 태권 삼촌은 팔십 후반까지 논일하시다가 몸을 다쳐 병원에 가셨다. 바지런한 동섭 오빠는 마을 일을 도맡아 하시면서도 모내기를 벌써 끝내어 모가 자리를 잡았다.

초록 향기 물씬 나는 다랭이논 언덕에 무리 지어 망초꽃이 피었다. 살랑살랑 바람이 일자, 망초꽃 향기가 솔솔 날아와 코끝을 간질인다. 며칠 후면 장마가 시작된다고 한다. 들녘을 흠뻑 적실 장맛비를 기다리며 유월 풍경에 빠져 하늘을 본다.

바래

부산에 사는 언니, 형부들이 집에 오셨다. 코로나바이러스 때문에 한동안 만나지 못했다. 어머니 뵙는 일을 더는 미룰 수 없다며 고향을 찾았다. 내년이면 어머니의 연세가 구십이라 언제 무슨 일이 생길지 알 수 없기 때문이다.

투병 중인 큰언니는 마당으로 들어서자마자 울음을 터트렸다. 마루에 앉아 계신 어머니의 손을 꼭 잡고 "이렇게라도 얼굴 한 번 보려고 왔네." 하며 눈물을 훔쳤다.

점심을 먹고 난 후, 언니·형부들이랑 집을 나서 바다로 향했다. 고향에 온 지 두 해가 넘었지만, 바래하러 가본 적이 없어 들떴다. 옛 추억을 더듬으며 몽돌 바닷가로 내려갔다. 좁다란 길은 도시로 나가기 전에 뻔질나게 다녔던 바래길이다.

바닷가 자갈밭에 다리를 뻗고 앉았다. 철썩~철썩! 깎아지른 절벽에 파도가 부딪치고, 몽돌 바닷가에 밀려온 바닷물이 탄주를 한다. 은빛 윤슬이 이끈 시선이 수평선과 맞닥뜨린다. 햇살이 비늘처럼 일렁이는 저 바다는 어릴 적부터 나의 꿈을 부추겼다. 열일곱 나이에 도시로 나갔던 나는 고향에만 오면 꿈을 꾸곤 했다. 무장무장 차오르는 사리 물처럼 바다만 바라보면 삶의 이야기가 되는 고향을 글로 그려보고 싶었다.

일렁이는 바다를 보니 꿈을 위해 부단히 갈았던 시간이 추억과 어우러져 파도처럼 밀려든다. 수평선이 펼쳐진 마을 앞바다를 소유한 듯 산다. 귀향하던 해의 여름은 무진장 더웠다. 그 여름 끝에 아버지는 이 세상을 하직하셨다. 여름 내내 작열하던 더위가 태풍이 한차례 지나가자, 꼬리를 내렸다. 난 그해 구월 초에 고향으로 돌아와 어머니를 봉양하고 있다.

셋째 언니와 나는 세 살 차이다. 피붙이 중 나와 가장 시간을 많이 보냈다. 언니가 가는 길엔 내가 꼭 붙어 다녔다. 밭에 일할 때나, 거름을 이고 들로 나갈 때도 함께했다. 마을에서 3리쯤 떨어진 밭은 팔백 평이나 되는 노른자위 터전이었다. 조상 대대로 물려온 그곳에서 일 년 곡식을 얼추 거두었다. 사계절 내내 종자를 뿌리고 심어서 보리, 고구마, 푸성귀를 거두어들였다. 알짜 터전이라 부모님은 그곳에서 종일 시간을 보냈다.

살림이 궁했던 시절엔 쌀이 귀해 아버지 상에 올릴 만큼만 씻었다. 가마솥에 삶은 보리쌀을 안치고 계란 노른자위처럼 쌀을 중

바래 137

간에 안쳤다. 솥뚜껑 사이로 밥물이 넘치고 뜸이 들면 아버지와 장손인 남동생 그릇에만 쌀밥을 담고 주걱으로 사정없이 저었다. 하여 제삿날이 아니면 쌀밥을 먹기 힘들었다. 마을의 논과 밭이 산비탈에 기대어 있었기에 먹을 것이 풍부하지 않았다.

삿갓배미에도 벼가 심어졌을 정도로 거친 환경이라 바닷가에 의존할 수밖에 없었다. 그만큼 살림이 어려워 바다의 양식이 삶에 깊숙이 들어오곤 했다. 그래서 바다는 마을 사람들에게 삶의 터전이었다. 물때가 되면 사람들은 바래하러 바닷가로 갔다. 바래는 남해의 아낙네들이 제 가족에게 먹이기 위해 바다로 나가 갯것들을 캐는 일이다. 호미와 소쿠리를 들고 해산물을 캐러 가던 그 길이 바래길이었다.

어머니와 언니들은 물때에 맞춰 바다로 나갔다. 어린 나와 동생은 바다에 나간 식구들을 기다리며 마루에 걸터앉아 섬집아기를 부르곤 했다. 바래 하러 간 어머니와 언니들은 물이 빠진 갯바위에서 홍합이나 고동, 해초류를 따서 담았다. 그래서 호미처럼 어머니의 허리도 점점 굽어갔다.

해가 응봉산을 넘어가면 석양의 그림자를 꼬리에 달고 어머니와 언니들이 동네 어귀로 들어섰다. 머리에 인 소쿠리에는 고동, 홍합, 김, 청각, 톳 등 갯것들로 가득했다. 가파른 갯바위를 오가며 캔 해산물은 찬거리가 되었다. 그때는 수질이 좋아 바다에서 나는 해산물로 밥상을 채웠다. 해산물은 상 위에 오르는 단골 메뉴였다. 된장찌개에 들어가는 해산물로 조미료가 따로 필요 없었고, 달구어진 가마솥 뚜껑에서 무친 해초는 입에 침이 고이게 했다. 부지런만 하면 따로 장 볼 일이 없었다. 바다가 터전이었기에 예닐곱 살만 되면 바다에 내려가는 것도 두렵지 않았다.

겁 없고 몸 빠른 셋째 언니가 물속으로 먼저 들어간다. 나도 예전처럼 언니를 따라 물속으로 들어갔다. 오랜만에 물속으로 들어가니 두렵기는 했지만, 추억을 되새기며 언니들과 해산물을 땄다. 가슴까지 차오르는 물속에서 고부지, 대수리, 배무래기를 땄다. 엄마를 닮은 셋째 언니는 예나 지금이나 손놀림이 재빠르다. 형부는 문어를 잡겠다며 물속에 통발을 던져놓았다. 예전에는 딸 것이 많았던 물속이었는데 수질이 나빠져 해산물은 그리 많지 않다. 그래도 즐겁고 소중한 시간이다. 이 또한 바래의 추억이 될 테니까.

물속에서 나와 몽돌 해안에 앉아 바래하러 오가던 가파른 길을 바라본다. 바래길에는 피붙이들의 고단함과 애달픔이 배어 있고, 남해 사람들의 생명이 살아 숨 쉰다. 척박한 자연환경에 스스로를 길들이며 살아온 사람들의 삶이 녹아서 머문다. 억척같던 사람들의 사랑과 애환이 서려 있는 길이기도 하다.

여름의 끝, 회색이던 바다가 쪽빛으로 물들어 가고 절정에 달했던 짙은 푸름이 옷을 갈아입고 있다. 저 바래길 끝에 쪽빛 가을이 오고 있다.

달빛 걷기

추석이 지나자, 가을빛이 완연하다. 설흘산 아래 다랭이논은 금파로 일렁이고, 앞집 텃밭에선 누렇던 감이 홍시가 되어 간다. 큰바람이 지나가지 않아 올해는 모든 게 풍년이다. 개암나무 가지 끝에 울긋불긋 단풍 들고, 따갑던 볕이 점점 기운을 잃어 간다. 바야흐로 거둠의 계절 가을이다.

하늘은 깊고 고추잠자리 날갯짓이 힘차다. 풍년 든 들녘처럼 방에만 계시던 어머니의 볼이 통통해졌다. 농촌 밤의 정경을 도시인들이 느낄 수 있도록 마을에서 달빛 걷기 체험 행사를 열었다. 팔월 보름이 지난 후라 휘영청 뜬 달은 볼 수 없겠지만, 여려진 달빛이면 어떠랴. 마음으로 느끼면 되는 것이다.

달빛 걷기. 이름만 들어도 가슴 설레고 신명이 났다. 가을밤의 감성을 느끼기 위해 나도 달빛 걷기에 동참했다. 도심에서 온 사람들이 두레방에 모여 앉았다. 다정한 눈빛 가득한 젊은 연인, 아이들과 함께한 오붓한 부부, 둘도 없어 보이는 단짝 친구, 가을밤의 정취를 느끼고 싶어 참여한 문인들……. 생각보다 참여한 사람이 다양하다.

오랫동안 사무장을 한 마을 이장님이 진행을 맡았다. 마을의 유래와 달빛 걷기에 관해 얘기하고, 바닷가 언덕에서 날릴 풍등을 나누어주었다. 등 표면에 각자의 소망을 적으라고 했다. 지금 내가 가장 소망하는 건 무엇일까. 살아보니 나보다 더 소중한 건 가족이었다. 자식 잘되는 것이 가장 흐뭇한 일이었다. 소망하는 것이 어디 한두 가지겠는가. 오늘은 큰딸을 위한 소망 하나 적어놓고 마음을 모으기로 했다.

각자의 소망 하나씩 풍등에 담아 손전등을 들고 밖으로 나왔다. 삼삼오오 줄을 지어 어둠이 내린 마을 어귀로 향했다. 설흘산 그림자에 안긴 마을은 짙은 어둠 속에 잠겨 있다. 집마다 밝힌 등이 한 자락의 풍경이다. 보이지는 않지만, 밤바다에서 파도 소리가 들려오고, 대양으로 오가는 큰 배들이 바다 위에서 환하게 등을 밝히고 있다. 가을바람이 등줄기를 시원하게 쓰다듬고, 풀벌레 소리에 귀가 즐겁다. 이게 고향의 밤 풍경이다.

마을 어귀에서 밤의 정경을 감상하고 다시 걷기 시작했다. 달빛은 훤하지 않지만, 길은 익숙해서 밤이라고 두렵진 않다. 포장되지 않았을 땐 돌길이었던 곳. 밭일하러 갔던 어머니가 농산물을 이고 들어서던 길이었다. 추억을 불러들이고, 옛길을 걸어서 음악이 흐르는 암수바위 앞에 도착했다.

암수바위가 있는 뜰에서 가을 음악회가 열리고 있다. 가을밤을 장식하기 위해 예술가들이 모였다. 남해에 거주하는 예인들이 재주를 뽐내는 날이다. 고향 남해의 굽이굽이 아름다운 능선과 바다 정경을 정결한 언어로 표현한 〈남해 찬가〉 11수를 한 구절씩 낭송했다. 문인들이 가장 좋아한다는 곡 〈봄날은 간다〉가 연주되고, 젊은이들이 좋아하는 〈아로하〉 같은 가을 노래가 밤하늘에 울려 퍼졌다.

바다로 가는 길목인 논 자락에서 열리는 음악회라니. 감동 그 자체였다. 가을의 선율을 귀에 머금고 바닷가 정자로 발길을 옮겼다. 정자에 올라서니 발아래에서 파도 소리가 감겨온다. 정자에 둘러앉아 눈을 감았다. 눈을 감으니, 귀가 열렸다. 정신을 한데 모으니 영혼이 더 깊어지고, 자율신경이 더 민감하게 반응한다. 암흑 속에서 들리는 파도 소리, 풀벌레 소리는 귓속으로 더 깊숙이 파고들었다.

파도 소리를 벗 삼으며 언덕을 올라 풍등 날리는 장소로 향했다. 길게 늘어진 불빛이 밤의 정경을 장식하고, 동행한 사람들이 감동 어린 메시지를 길 위에 쓰고 갔다. 덩달아 흥분한 나는 이런 체험은 소수만 느낄 것이 아니라, 입소문을 타서 많은 이들이 느껴봤으면 하는 바람이 일었다.

바닷가 가파른 언덕 위에 선 정자에 당도했다. 풍등 날리기에 어울리는 장소였다. 바람의 반영으로 좌우되는 풍등 날리기. 진행자의 염려와는 달리 풍등 날리기에 좋은 날씨였다. 하늘엔 별이 총총대고 바다에서 불어오는 선한 바람이 참여한 사람들을 들뜨게 했다.

소망을 적은 풍등을 펼쳐 각자 들었다. 조를 나누어 줄을 일제히 서서 풍등을 마주 잡고 섰다. 행사에 참석한 젊은 청년이 아리따운 숙녀에게 즉석에서 "나랑 결혼해 주세요!"라며 프러포즈했다. "와!" 바닷가 언덕에서 환호성이 터졌다. 동행한 사람들이 축하한다며 손뼉을 쳤다.

이젠 달빛 걷기의 절정인 풍등을 날릴 차례이다. 마주 잡았던 풍등을 동시에 놓자, 바람을 타고 서서히 공중으로 날아올랐다. 사람들은 즐거운 환성을 질렀다. 자신의 소망이 이루어지길 바라며 두 손을 가지런히 모았다.

바람 따라 높이 더 높이 오른 풍등은 점점 작아지더니 하늘 높이 올라가 별이 되었다. 내 소망을 담은 풍등도 더 높이 올라 밤하늘의 시가 되었다. 나는 옆에 있던 아가에게 다가가 속삭이며 웃었다.

"아가야, 너는 멋진 우주의 별이 될 거야!"

묵정논

차례상을 올리고 아버지를 뵈러 골로 향했다. 무소처럼 동생 차는 가파른 언덕길을 거침없이 올랐다. 이 길은 예전에 경운기조차 다닐 수 없었던 길이었다. 매봉산 아래까지 논이 있어 이고 지고 다녔던 농로는 좁고 거칠었다. 이젠 그 일부가 시멘트로 포장되어 차가 다닐 수 있다.

골에서 재로 가는 길에 공동묘지가 있다. 마을, 땅을 분양받아 공동묘지로 쓰고 있다. 아버지 형제도 고향 땅에 묻히려고 터를 마련하여 자릴 잡았다. 동생은 증조부모와 조부모님, 작은아버지의 산소가 있는 곳에 차를 세웠다. 딸은 출가외인이라 하지만, 두 남동생과 조카들 틈에 섞여 술 따르고 절을 올렸다. 이곳은 앞서 가신 조상이 묻힌 곳이고, 아버지의 산소는 산을 더 올라가야 한다. 오래전, 뻔질나게 오가던 길에서 옛터를 보고 섰다.

마을 정면에서 볼 때 좌측에 있는 곳을 골이라 하고, 우측에 있는 산자락을 재라고 부른다. 마을 사이에 두고 산의 팔·구 부 능선까지 다랭이논이 있었다. 108층의 계단식 논배미였다. 그 많던 다랑논 중 일부는 묵정논이 되어 산으로 변했다. 한 평이라도 일구어 알곡을 거두어들였던 논 자락은 보이지 않고 나무와 풀이 우거져 무성하다.

 이젠 그 험한 터에 일할 손이 없고, 먹고살기가 나아져서 버려졌다. 거친 땅을 일구며 치열하게 살았던 부모님 세대는 늙고 병들어 농사를 지을 수 없다. 큰길 아래에 있는 터전도 겨우 일구는 실정이라 산중에 있는 논은 이미 터로서의 가치를 잃었다. 안타까운 일이지만 도리가 없다.

 곡식이 귀했던 시절, 보리 나락 한 톨이라도 더 거두어들이기 위해 산 끝자락까지 일구어 논을 만들었다. 아버지는 매봉산 맨 끝자락에 있는 다랑논을 장만했다. 하늘 바로 아래 있는 논이었다. 모 심어 자란 나락보다 몸 품 판 시간이 더 많았던 터전이다. 길 좋고 마을 가깝게 있는 논보다 몇 배의 수고가 요구되던 땅이었다.

 소나 사람이 겨우 다닐 정도로 길은 좁고 가팔랐다. 울퉁불퉁해서 경운기, 리어카도 갈 수 없는 들길이었다. 무성한 풀에 발이 베이기 일쑤였고, 마을까지 종일토록 이고 지고 다녀봐야 예닐곱 번 정도. 다람쥐같이 재바르게 다녀도 여덟 번이었다. 어머니와 아버지는 늦은 나이에도 그 땅을 일구기 위해 종일 몸을 갈았다. 해가 서둘러 저무는 산자락이라 손발이 바쁠 수밖에 없었다.

열일곱에 도시로 나간 나는 고된 일을 하는 게 싫었다. 학교에서 보내는 시간 외엔 부모님의 일을 도와야 했다. 주말이나 휴일이면 일에 묻혀 살아야 했고, 거둠의 시기가 되면 가정실습이라는 게 있어 쉴 틈 없이 일을 했다. 어차피 내 가족이 해야 하는 일이니, 꾀를 부릴 수도 없었다.

쌀 한 톨이라도 더 수확하기 위해 아버지 어머니는 골의 맨 위 논에 물을 대고 모를 심었다. 산자락에 있는 논이라 수확해 봤자 결실은 뻔했다. 그래도 그 터전을 놓지 않았다. 자식들 손이라도 빌리지 않으면 농사를 지을 수 없었다. 어설프고 더딘 손이지만, 고사리손마저 귀하던 시절이었다. 엄마가 마흔다섯에 낳은 막냇동생은 대학에 들어가기 전까지 부모님의 일손을 도우며 고향에서 지냈다. 막냇동생의 거친 손을 잡을 때면 그 시절에 얼마나 많은 일을 했는지 알 수 있어 맘이 짠하다.

산중이라 옥답은 아니었지만, 봄과 가을이면 결실을 안겨줬다. 재배한 보리와 나락은 머리에 이거나 지게에 지고 집으로 가져와 타작했다. 나 또한 도시에 나가기 전까지 일을 거들었다. 어른이 되기 전이라 험한 길을 내려오려면 몸과 정신이 하나가 되어야 넘어지지 않았다. 팔십 평생을 이곳에서 사신 아버지와 어머니의 몸은 골병이 들 수밖에 없었다.

골병이 들어도 일손을 놓지 않았다. 해마다 가을 끝이면 도처에 사는 자식들에게 쌀을 보내주셨다. 피땀 묻은 쌀 포대를 보면 그저 얻어진 것이 아님을 알면서도 무심하게 먹어 치웠던 철부지였다. 성장기부터 험한 길을 빨빨거리고 다닌 탓에 무릎이 아프다. 이곳, 다랭이마을에서 성장한 사람이면 누구나 마찬가지일 것이다. 학교에서 귀가하면 늘 일이 기다리고 있었다. 그것 또한 당연한 일이라 여기며 받아들였다. 그래서 더 일찍 철이 들고 억척이 되었는지 모르겠다.

저 산자락에는 부모님의 피땀이 배어 있고, 그 시절 종종대던 나의 발자국이 남아 있다. 이제는 아무도 그곳을 찾지 않아 쓸모없는 땅이 되어버렸지만, 한때는 생명의 씨앗을 거두는 터전이었다. 세월이 흐르니 황금처럼 여겨졌던 터도 묵정논으로 변했다.

논의 흔적이 사라진 산자락을 바라보며 세상에 변하지 않는 게 없음을 실감한다. 그 땅을 일구던 아버지는 이미 이승을 떠나셨고, 어머니마저 노쇠해져 거동조차 할 수 없다. 거둠의 계절 가을날, 산자락 다랑논에서 땀을 흘리시던 아버지, 어머니의 굽은 등이 보이는 듯해 더욱 애잔하다.

다리

한동안 밤잠을 설쳤다. 어머니를 집으로 모시고 와서 병시중을 들어야 하나, 이참에 요양병원으로 모셔야 하나를 두고 고심했다. 고심, 고심 끝에 집으로 모시기로 하고 남편과 남해로 가는 다리를 건너는 중이다. 노쇠하신 부모를 모시는 일이란 긴장의 연속이다. 보름 전에만 해도 간이 떨어질 뻔했다.

남해에서 삼천포로 가는 다리를 건너던 날, 아침부터 어머니의 컨디션이 이상했다. 찬이 부실하여 숟가락을 놓는가 싶었더니 그게 아니었다. 점심때도 식사하는 게 영 시원찮았다. 얼굴색이 창백한 낮달 같아서 고개를 갸웃했다. 이른 점심을 먹고 남편이랑 어머니의 약을 타오기 위해 의원에 다녀왔다. 마당에 들어설 때만 해도 분명 마루에 앉아 계셨다. 거동이 어려운 어머니는 마당에도 못 나가시고 낮이면 마루에 앉아 시간을 보내신다. 창밖 풍경을 보시며 적적함을 달래신다.

마을 안길에 며칠 전부터 얼음이 얼어 차바퀴가 헛돌며 요란하게 울었다. 관광 온 차도 그 위를 지날 땐 아슬아슬하게 지나갔다. 남편과 난 얼음을 깨자며 창고로 가서 연장을 찾았다. 연장을 찾아 마당에 두고 안채로 들어서니 어머니께서 마루에 누워 계셨다. 이상했다. 어머니는 의식을 잃은 채 입가에 거품을 머금고 있었다. 놀란 나는 황급히 남편을 불렀다. 의식을 잃은 어머니의 가슴과 몸을 주무르며 119에 연락했다. 어머니의 아랫도리가 떳떳했고, 묵직하여 기저귀를 풀어보니 자장면 같은 변이 가득했다. 혈변이었다.

기저귀를 갈고 몸을 닦았다. 몸을 흔들었더니 눈은 가늘게 떴지만, 여전히 의식은 없었다. 병원에 보여줄 변을 비닐봉지에 담았다. 급히 달려온 119구급대원이 혈변을 보더니 혈압을 체크했다. 혈압이 너무 낮다며 어머니를 둘러업었다. 마을로 드는 도로에 여행 온 차량이 많아 구급차가 골목까지 들어오지 못했다. 남편의 차에 어머니를 모시고 황급히 골목으로 올라갔다. 대기한 구급차에 옮겨 싣고 병원으로 향했다. 어머니를 돌보며 두 번째 타는 구급차였다.

구급대원은 어머니의 상태가 좋지 않아 삼천포로 갈 거라 했다. 구급차는 사이렌을 울리며 달리기 시작했다. 벽지에 사는 큰 문제라면 응급 시에 병원이 멀다는 것이다. 큰 병원까지 가다가 골든

타임을 놓친다며 구급대원은 흔들리는 차에서 혈관을 잡느라 애먹었다. 혈액이 손에 묻어도 아무렇지 않은 듯 수액공급을 했다. 책임을 다하는 구급대원이 고맙고 나라에 감사했다.

수액이 몸속에 돌자, 어머니가 깨어났다. 나는 차디찬 어머니의 손을 꼭 잡았다. 어머니는 내 손을 놓지 않으려고 손아귀에 힘을 주셨다. 남해와 삼천포를 잇는 다리를 건너며 어머니가 다시 집으로 갈 수 있을까 싶었다. 구급차는 속력을 더해 S 병원 응급실에 도착했다.

응급으로 위내시경을 하니 십이지장 궤양 출혈로 빈혈이 심하다고 했다. 수혈이 필요하다며 중환자실로 입원시키라고 했다. 어머니의 상태를 형제들한테 알렸다. 큰아들이 있는 부산으로 이송할지 고민했지만, 코로나 상황이라 그 또한 쉽지 않았다. 어머니는 중환자실로 들어가셔서 홀로 남았다.

어느새 밖은 어둑했다. 애들 아빠한테 데리러 오라고 했다. 한시간 넘게 걸리는 거리를 남편은 달려오고, 안도한 나는 병원 대기실에서 기다렸다. 원인을 알았으니, 어머니는 치료만 하면 되는 일이었다.

집으로 오는데 몸이 천근만근이었다. 수고해 주는 남편이 진정 고마웠다. 자상한 남편은 평소 나보다 어머니께 더 다정했다. 집으로 와 어머니의 방을 보니 눈물이 왈칵 쏟아졌다. 못했던 것만 생각나서 가슴 아팠다. 엄마와 늘 함께했던 반려견도 어리둥절했다. 의식 없는 다리 사이에 끼어 있던 녀석이라 어머니를 찾는 듯했다.

실토하자면 어머니를 모시는 일에 서서히 권태가 느껴졌다. 막냇동생과 형제들이 자주 안부를 물어왔지만, 자유롭지 못한 생활을 언제까지 해야 하나 싶어서 지루할 때도 있었다. 한데 안방이 비어 있으니 허전했다. 어머니 냄새가 나는 방에 누워서 크게 뉘우쳤다. 그런 시간이 성찰할 수 있게 만드는 것 같아 회한에 젖었다. 어머니를 요양병원으로 보낼 기회다 싶었지만 그럴 수 없었다.

어머니의 연세가 한 살 한 살 더해지자, 염려했던 일들이 벌어진다. 주무시다가 무슨 일을 당하면 어쩌나 싶기도 하고. 나 혼자 감당하기 어려운 일들이 벌어질 것만 같아 두렵기도 하다. 응급상황을 맞닥뜨린 것도 두 번째. 그날 남편이 집에 없었다면 얼마나 놀랐을까.

어머니는 병원에서 해를 넘겨 구순하고도 한 살이 더해졌다. 사년 전, 내가 처음 모실 때만 해도 눈과 귀가 밝았고, 정신이 맑았다. 당신이 간섭하지 않아도 될 일에 시시콜콜 참견하며 토라지곤 했다. 그러시던 어머니는 나이가 더해지며 기력이 쇠해졌다. 엉덩이 밀고 화장실에 가시는 것도 점점 힘들어졌고, 처음 모실 때와는 달리 내 마음도 변해갔다. 하나 빈자리를 느껴보니 존재의 소중함을 알았다.

집에 돌아가면 어머니는 기저귀를 차실 것이다. 방에서 대소변을 받아내는 일이 쉽진 않겠지만, 이대로 어머니를 요양시설로 보낼 순 없다. 그날 어머니는 참고 참으시다가 우리가 마당으로 들자 쓰러지신 것이었다. 그처럼 어머니의 정신력은 강인했다. 몇 번이나 쓰러졌지만, 오뚝이처럼 다시 일어나셨다.

어머니를 모신 남편 차는 삼천포 시내를 벗어나 여섯 개의 다리를 차례대로 건넌다. 다리는 두 지점을 연결하는 징검돌 역할을 한다. 어머니는 보름 전에 생과 사를 잇는 다리를 건넜다. 만일 어머니께서 깨어나지 못하고 눈을 감으셨다면 생의 다리를 다시 건널 순 없었으리라. 어머니는 또 한 번 위기를 넘기고 평생 사셨던 집으로 돌아가고 있다.

4

터 지킴이들

터의 산증인

코로나바이러스로 인해 전 세계가 무기 없는 전쟁을 치르고 있다. 무고한 사람이 죽어가고, 불안과 공포에 떨고 있다. 감염을 피해 사회적 거리 두기를 해왔지만, 오늘은 작정하고 김태연 어르신을 뵙기로 했다. 노트와 필기구를 가방에 넣고 가파른 골목을 오르며 헉헉거렸다. 마을의 가장 높은 곳에 터를 잡은 어르신 댁 대문을 설레는 마음으로 들어섰다.

"저, 왔습니다."

방문하겠다고 연통을 넣었기에 용감하게 현관으로 들어섰다. 연로하신 어르신은 청력이 약해져 인기척을 느끼지 못하셨다. 어르신을 돌보는 요양보호사가 안방을 들어서며 내가 왔다고 알렸다. 어르신은 평소처럼 깔끔한 모습으로 나를 맞아주셨다.

"아부지, 오늘은 마을에 대한 역사를 좀 알고 싶어서 찾았습니다."

"그래!"

영민하신 어르신은 내가 찾은 연유를 이미 눈치 채고 계셨다. 침대에 걸쳐 앉아 창 너머로 시선을 두시곤 나긋나긋 이야기를 이어갔다.

멀리 아스란 수평선이 눈에 들어왔다. 마을 앞 바다엔 언제부터인가 큰 배가 수평선 너머에서 왔다가 사라졌다. 그 배는 여천항으로 드나드는 유조선과 광양제철소로 오가는 수송선이라고 했다.

누군가 그랬다. 이 마을에 대해 가장 많이 알고 있는 사람은 김태연 어르신과 우리 아버지라고. 두 분은 이 마을에서 태어나 터를 지켰다. 아버지는 스물다섯 살에 이장을 맡았고, 그 뒤를 어르신이 이었다고 회고하셨다. 몇 해 전, 아버지는 여든여덟에 명을 달리하시어 선산에 묻혔다. 내가 이 마을에 유달리 애착이 강한 것은 마을의 발전을 위해 애쓴 아버지의 딸이기 때문이다. 작가가 되어 고향으로 돌아온 것도 아버지만큼 터를 사랑하는 까닭이다.

터는 그냥 지켜지는 것이 아니라 남다른 애정이 있어야 한다. 터를 사랑한다는 것은 단순히 살아온 땅을 지킨다는 것이 아니다. 그 환경에서 어떻게 살았으며 후손을 어떻게 키웠느냐 하는 일일 게다.

어르신은 지금으로부터 사백오십여 년 전에 마을이 형성되었음을 짐작했다. 조선시대 때 김해김씨 석공파가 가장 먼저 정착했다. 마을 중간쯤에 터를 잡고, 그 아래와 위 산비탈을 개간하여 논과 밭을 만들었다. 어르신이 태어났던 집은 마을에서 가장 큰 집이었다. 느티나무가 빙 둘러서 있고, 돌배나무가 집 뒤에 서 있었다고 증언했다. 고조부 때가 가장 성수기였다고 회상했다.

어르신이 일곱 살이 되던 해에 일본군이 마을을 점령했다. 등 너머에 널려 있던 밭에 일본군이 막사를 지었고, 다랑논에는 취사장을 만들어 사용했다. 마을에서 가장 큰 논은 일본군의 훈련장이었다. 샘이 나오는 곳곳에는 샘터를 만들고, 산을 가르고 돌을 폭파하여 도로를 닦았다.

남해는 땅이 거칠어 주인 없는 땅이 많았다. 어르신의 말을 빌리자면 좋은 땅은 왜놈들이 차지했고, 높은 지형이나 거친 땅은 국유지였다고 했다. 일본인이 도로를 계획하고, 마을 사람들은 동원되어 길을 만들었다. 아낙들은 자갈을 머리에 이고, 남정네들은 바지게로 흙과 자갈을 져다 날랐다. 그래서 마을 곳곳에는 그때의 흔적이 남아 있다.

그 당시, 어르신의 아버지는 마을 이장이셨다. 이장님은 마을 땅을 찾기 위해 버선발로 뛰어다녔다. 마을 터를, 국유지로 만들 수 없다며 분산된 땅 찾기에 나섰다. 이웃 마을과 잇닿은 산과 바다, 전답을 찾기 위해 소송했다. 재판하기 위해 삼으로 엮은 짚신을 신고 진주까지 오고 갔다. 그 먼 진주까지 걸어서 열두 번을 오간 결과, 경계를 짓고 마을 땅을 찾았다고 했다. 일본인 군수는 어르신의 아버지를 일컬어 '등불보다 밝은 사람'이라고 칭했다고 전하셨다. 그때 찾은 터가 지금 마을 소유의 땅이며 바다이다.

마을과 가장 가까운 동네가 항촌과 홍현이다. 옆 동네 항촌과 가천 경계는 초소가 있는 곳을 기준으로 잡았고, 홍현과 가천의 경계는 돌이 많은 중간지점으로 정했다. 바다 경계선은 서로 양보할 수 없어 공동구역까지 지정했다. 그 구간에서는 조업을 금지했다. 태평양전쟁 때는 이 마을에서도 몇 명이 징용을 갔다. 아무개 아버지를 시작으로 네 분의 이름을 뚜렷이 기억했다. 영리하신 어르신은 마을의 산증인이 분명했다. 어르신은 잠시 먼바다에 시선을 두었다가 기억을 더듬으며 다시 말을 이어갔다.

자연에만 의존해야 하는 마을에 가뭄이 들면 물이 부족했다. 귀한 비가 내리면 가파른 개울을 타고 물은 쏜살같이 바다로 흘러갔다. 하여 어르신이 이장이었던 시절, 마을 뒷산에 저수지를 지어 물을 가두었다. 도청의 승인을 받아 암반 위 땅을 파고 중매고개에서 진흙을 파와 둑을 만들었다. 그때 만든 저수지의 물은 마을의 식수가 되고, 다랭이논의 논물이 되고 있다. 이처럼 터는 개발하여 지켜지고 존재한다.

어르신 댁은 마을 정류장 옆에 있다. 다랭이마을은 옆 마을과

십 리 떨어져 있는 종점이다. 구불구불한 시골길을 달려온 버스는 마을에서 하룻밤을 묵었다. 다음 날 새벽차와 중고등학생들의 통학버스였기 때문이다. 학생이 많을 적엔 통학버스 세 대가 등교 시간을 맞추어 출발했다, 어르신 댁은 버스 기사들의 숙소였다. 기사들 밥해주고 잠자게 해주는 집이었다.

무엇보다 어르신은 진취적인 아버지였다. 자식들이 초등학교나 중학교를 졸업하면 진주시로 유학 보냈다. 다른 부모들은 엄두도 못 낼 일을 하셨고, 이웃집 아이가 학업을 포기하지 않도록 부모를 설득하기도 했다. 그 점이 내가 어르신을 존경하는 이유이다.

먹고살기에 급급했던 시절이라 여식들은 초등학교나 중학교를 졸업하면 대처로 나가 식모살이를 하거나 공장에서 일을 해 동생들의 학비를 댔다. 중학교에 들어간 나는 부모님 몰래 공부했다. 시험 기간이면 식은밥과 김치로 도시락을 싸서 새벽차로 등교했다. 공부에 재미가 붙어 통학버스 안에서 단어와 숙어를 외웠다.

선생님이 되는 게 꿈이었다. 소 몇 마리를 키우던 아버지는 교대에 보내주겠다 하셨지만, 형편이 여의찮아 고등학교 진학을 포기했다. 산업체 고등학교에 진학하기 위해 도시로 나갔다. 아버지의 부름을 받고 마산 간호학원에 진학하여 나이팅게일이 되었다. 학원을 졸업한 후 병원에서 일하며 학업을 이어갔다.

어느 날, 읍내 터미널에서 어르신의 둘째 아들을 만났다. 그 오빠는 마을에서 유일한 법대생이라 동경의 대상이었다. 그때 내 나이 열아홉. B 대 법대에 다니는 오빠한테 편지를 썼다. 우연히 만난 오빠에게 편지를 썼으니 참 맹랑했다. 답을 바라고 썼던 건 아니었는데 답장이 왔다. 편지지 두 장엔 손수 쓴 글귀로 채워져 있었다.

애정 어린 편지는 아니었지만, 내게 꿈을 품게 했다. 그 오빠 때문에 나는 주경야독하며 꿈을 키웠다. 방송통신대학에 진학하여 그 오빠가 다녔던 B 대학교에서 수업을 받았다. 꿈은 꿈으로 이어져 지금도 나는 마음공부를 하며 글을 쓰고 있다. 아주 오래된 그때가 생각나 피식 웃으며 멀리 있는 바다를 보았다.

마을 역사의 산증인 이야기에 시간 가는 줄 몰랐다. 벽에 붙은 시계를 보니 저녁때가 되어간다. 어머니의 밥 지을 시간이다. 자리에서 일어나 침대에 걸터앉은 어르신을 아버지처럼 꼭 안은 후 그 집에서 나왔다.

나는 풀지 못한 숙제를 해결한 듯 발걸음 가볍게 골목길을 내려왔다. 산하는 연록으로 물들고, 사월 끝자락을 잡은 끝물 유채꽃이 다랭이논에서 일렁인다. 봄이 깊어 노란 꽃도 이울어가고, 마을의 발자취를 품은 고향의 산야는 초록으로 건너가고 있다.

마당 깊은 집

뜰에 수국이 구름처럼 피었다. 모란이 지고 수국 피는 계절이 오면 내 기억 속에서 꿈틀대는 집이 있다. 싸리나무 사립문을 살며시 밀고 들어서면 유년의 추억이 뒹구는 마당 깊은 집. 큰집이 있었다. 할아버지는 증조할아버지와 증조할머니 사이에 아들이 없어 큰집에서 양자로 들어오셨다. 그래서 큰집 오빠와 나는 육촌지간이다.

큰할아버지의 제사가 드는 유월이면 큰집으로 갔다. 마당이 깊었던 그 집은 사립문을 열고 들어선 후에도 징검다리처럼 놓인 돌다리를 한참 걸어야만 축담과 이어졌다. 가지가 휠 듯 뙤리 감이 열린 감나무 아래에는 큰아버지의 정서를 닮은 화단이 담을 따라 길게 이어졌다. 화단에는 계절 따라 꽃이 피고 졌다. 성품이 조용하고 찬찬하신 큰아버지와 큰어머니는 자리를 비운 형님의 두 딸을 거두어 키웠다. 조카 둘을 친딸처럼 키우면서도 소리 한번 크게 내지 않으셨다.

제삿날만 되면 낮부터 큰집을 들락거렸고, 육촌 언니와 난 신명이 났다. 마루청과 대청마루가 연결된 곳에는 분합문이 접어져 천장에 매달려 있었고, 그 위 시렁에는 제를 올리기 위해 마련한 음식이 줄지어 올라갔다. 그 집은 마당이 깊었던 만큼 부엌도 깊었다. 가마솥 위에 걸린 떡시루에는 아궁이의 불길만큼 김이 피어났고, 부엌 뒤 켠 굴뚝에는 종일토록 연기가 피어올랐다. 하얀 옷을 차려입은 큰어머니는 옅은 미소를 지으며 제사음식 준비로 분주했다.

일손을 재촉하던 긴 여름 해가 서산을 넘으면, 잠시 머물던 저녁이 물러나고 곧 밤으로 이어졌다. 쌀이 귀하던 시절이라 몸단장하신 어머니는 양푼에 쌀을 가득 담고는 골목길로 나섰다. 흙먼지가 발길에 풀풀 차이던 좁다란 마을 골목길이었다. 가물거리는 호롱불을 든 어머니의 치맛자락에 매달려 큰집으로 갔다.

초저녁잠이 유별스레 많아 제사를 올리는 자정까지 기다리기란 쉽지 않았다. 밤이 이슥하고 달빛에 비친 대나무 그림자가 마당에 어리면 제사상에 메를 올렸다. 그 시절엔 제철이 아니면 구경할 수 없는 과일이 올려졌고, 제사를 지내야 쌀밥을 먹을 수 있었다. 고슬고슬한 하얀 쌀밥과 벌겋게 익은 수박을 먹기 위해 감겨오는 눈꺼풀과 싸우기도 하고, 엄마 등 뒤에 기대어 잠이 들기도 했다.

반백 년 세월을 묻어둔 채 유월이 다시 돌아와 섰다. 강산이 몇 번이나 변한 지금도 내 유년의 추억이 머무는 마당 깊은 집. 큰아버지와 큰어머니가 돌아가시고 비어 있던 그 집에 육촌 오빠가 도시 생활을 접고 들어와 살고 계신다. 고향에 돌아와 터를 잡은 오빠와 올케언니는 하루라도 일찍 고향에 들어왔더라면 하는 아쉬움을 토로했다.

　귀향하신 오빠와 올케언니는 옛집을 허물고 새집을 지었다. 일꾼을 들이지 않고 손수 리어카를 끌고 다니며 대궐 같은 집을 지어 터를 지키며 사신다. 집을 새로 지어 분합문이 사라지고 마루청도 없어졌지만, 깊은 마당에는 옛 향기가 아직도 감돌고 있다. 세월을 껴안고 선 뒤란 감나무는 아직도 마당 깊은 집을 지키며 노란 감꽃을 함초롬히 피운다. 담 아래 뜰에는 모란이 곱게 피어 멀어져 간 옛사람들을 그립게 한다. 지금도 눈을 감으면 사립문 너머로 마당을 쓸던 큰아버지의 찬찬한 모습이 보이고, 마루에서 고추를 다듬던 큰어머니의 단아한 모습이 아른댄다.

　오빠는 날만 새면 일터로 나가신다. 동이 터오는 골목길의 어둠을 물리치며 경운기를 몰고 들로 향한다. 탈탈대는 경운기 소리에 나 또한 일어나 하루를 시작한다. 칠순을 훌쩍 넘긴 올케언니는 오빠를 따라가려니 가랑이가 찢어진다며 투정을 부리신다. 수술을 몇 번이나 하신 언니는 오빠가 일을 줄이도록 말 좀 해달라신다. 내가 아무리 말해도 일을 줄일 오빠는 아니시다.

　마을에서 가장 부지런한 오빠는 제발 일 좀 벌이지 말라는 언니의 일침에도 아랑곳하지 않는다. 사계절 내내 쉬지 않고 일에 파묻혀 사신다. 농사짓고, 마을 상수도 관리며 공동 화장실 청소도 마다하지 않는다. 마을 일에 대해서도 모르는 것이 없을 정도다. 가끔 유머와 위트까지 구사하는 진정한 신사다. 아침을 깨우는 경운기 소리를 들을 때면 존경하는 마음이 절로 일어난다.

　이제 오빠 내외는 마당 깊은 집을 지키며 온전히 터를 잡았다. 큰아들까지 들어와 마을의 지킴이가 되었다. 조카는 마을의 발전을 위해 사무장으로 수년 동안 일했고, 지금은 마을을 대표하는 이장이다. 책임감과 애향심이 짙어 큰아버지, 오빠 뒤를 이어 마을을 이끌어갈 보배다.

팥죽 쑤다

따스한 남쪽 날씨마저 연이틀 새침했다. 몸살 뒤 따른 무료함으로 이불 속에 누워 하루를 보냈다. 마지막 남은 달력 한 장이 끝을 향하고 있다. 동지 전날이다. 어머니를 위해 기억을 더듬어 옛날식 팥죽을 쑤어보기로 했다. 잠들기 전, 팥을 불려두고 이불 속으로 들었다. 긴 밤, 어둠을 베고 누워 별을 세다가 겨우 꿈나라로 갔다.

팥죽을 쑤기 위해 새벽 다섯 시에 눈을 떴다. 일 년 중 가장 낮이 짧은 동지 아침이다. 가로등은 깜깜한 새벽 골목을 밝히고 서 있다. 차가워진 날씨 탓에 목도리까지 두르고 부엌으로 나갔다. 어머니는 아직 꿈속에 계시는지 기척이 없다. 찬 공기 가득한 부엌에서 찹쌀을 씻어두고 불린 팥을 압력솥에 안쳤다.

솥에 열이 가해지자, 압력 추가 빙글빙글 돌아간다. 신물이 나지 않도록 팥을 한소끔 끓여 물은 따라내고 다시금 끓여야 한다.

압력솥을 완전히 밀폐하여 불에 올려놓으니 다시 추가 돌아간다. 사십 분쯤 돌리라는 요리사의 조언대로 솥을 올려두고 기다림을 배운다. 압력솥 추가 한참 돌아가자, 팥 익는 냄새가 새어 나온다. 지난해 동지에는 이장 사모님이 팥죽을 한 대접 주셔서 어머니랑 맛나게 먹고 옳은 한 살을 먹었다.

며칠 전, 팥죽을 쑬 거라고 하니 대구에 사는 지인이 새알심을 몇 알 넣을 거냐며 농을 던졌다. 어머니와 돌보는 어르신이 두 분. 내 나이 수까지 더하면 새알심은……. 올해는 직접 팥죽을 쑤어 돌보는 엄마들께 대접하고 싶었다. 앞으로 맞을 동지가 몇 번이나 되겠나 싶어 일을 벌였다.

팥 익는 냄새를 맡은 것인지 어머니께서 드르륵 안방 문을 열고 마루로 나오셨다. 날이 차다며 방에 계시라고 했더니 어머니는 엉덩이를 밀고 다시 방으로 들어가셨다.

어젯밤. 팥죽 쑬 준비를 하는 내게 어머니께서 날이 추우니 죽 쑤지 말라 하시던 말씀이 떠올라 빙긋 웃었다. 당신이 좋아하시는 죽을 쑤지 말라 하셨지만, 진심이 아님을 알고 있었다. 속 시끄러운 올해는 액땜도 할 겸 팥죽을 꼭 쑤고 싶었다. 집안의 안녕을 위해 조상님께 팥죽을 올리고 싶었다.

시계를 보니 팥이 익을 시간이 되었다. 가스 불을 끄고 김이 나가기를 기다렸다. 잠시 후 뚜껑을 열어보니 팥이 무르익었다. 초등학교 사 학년 때 팥죽 쒔던 기억을 불러왔다.

열한 살 때 처음 팥죽을 쑤어봤다. 팥을 수확하면 어머니는 밭일을 나가시며 밀가루 한 바가지와 팥 한 그릇 내어주시면서 죽을 끓여놓으라고 하셨다. 열한 살에 어찌 팥죽을 쑤었을까. 그땐 그랬다. 어머니를 대신하여 고사리손으로 밥을 짓고, 밭일 나간 어머니를 기다리며 시간을 달랬다.

응봉산에 해가 넘어갈 무렵이면, 아궁이에 불 지펴 팥을 삶고 밀가루를 반죽하여 밀어서 칼국수를 만들었다. 삶은 팥을 체에 걸려 앙금까지 가라앉히고, 팥물을 솥에 붓고는 아궁이에 불을 지폈다. 한여름엔 부엌 가마솥에 불을 지피는 게 아니라 마당에 앉힌 양은솥을 이용했다.

땔감으로 불땀을 조절하여 팥물이 끓으면 썰어둔 면을 넣고 다시 불땀을 조절했다. 언제나 기다리는 건 나였다. 팥죽이 끓고 나면 마루에 걸터앉아 마을 어귀로 들어오실 어머니의 모습을 뚫어지게 기다리는 일도 나의 몫이었다.

팥죽의 기억을 더듬으며 불땀을 조절하고 소금, 설탕으로 간을 했다. 팥죽 냄새가 퍼지자, 어머니께서 궁금한지 연신 부엌을 쳐다보셨다. 불린 찹쌀을 익힌 후 앙금을 마저 넣고 새알심까지 솥에 넣었다. 어머니를 위해 끓이는 팥죽이라 정성을 다했다. 새알심이 익고 죽이 걸쭉해졌다. 얼추 다 된 거 같다.

큰 양푼에 죽을 퍼서 상에 올리고 숟가락을 꽂아 안방에 차렸다. 어머니께 마음을 모아 빌어 달라고 한 후, 방을 나와 집 언저리에 팥물을 뿌렸다. 조상님의 음복이 끝나고 어머니께 상을 차려 드렸다.

"엄마, 드셔보세요. 이제 동지 팥죽을 몇 번이나 드시겠어요."

내 말이 떨어지기가 무섭게 어머니의 얼굴이 찌그러지며 울상이 되었다.

나는 싱긋 웃으며 내년에도 끓여드리겠다고 하니 어머니의 얼굴이 펴졌다. 한 살을 더 먹는 어머니. 내년이면 팔십 줄의 끝에 선다. 당신의 내일이 어떻게 될지 알 수 없으니, 눈시울이 붉어질 수밖에.

어머니의 상을 물리고 두 대접에 펐다. 한 그릇은 뒷집 엄마, 한 그릇은 내가 돌보고 있는 점여 어르신 몫이다.

"넉넉하게 갖다 조라."

오늘은 어머니의 인심도 후하시다. 그분들도 몇 번이나 더 동지 팥죽을 먹겠나 싶어서일 테다.

뒷집에 갔더니 귀녀 어머니가 팥죽을 언제 쑤었냐며 좋아하셨다. 다음에도 쑤어드리겠다고 하니 내년에도 먹을 수 있지 싶다며 허허 웃으셨다. 당신의 건강에 그만큼 자신이 있다는 말씀이었다. 또 팥죽 한 그릇 들고 웃모에 사는 점여 어르신 댁으로 발길을 옮겼다. 오늘은 어르신의 돌봄을 하는 날이 아니지만, 며칠 전 팥죽을 쑬 거라고 한 내 말을 기억하고 계셨다. 현관문을 열고 들어서서 팥죽을 내밀었더니 "우리 딸, 잘 묵을게." 하시며 어르신의 얼굴이 환해졌다.

팥죽 한 그릇 나눔으로 이렇게 정다워질 수 있다니. 골목길을 내려서는데 가슴이 뜨거워졌다. 어르신의 사립밖에 이팝나무가 나체를 드러내고 서 있다. 긴 겨울 끝나고 나이 한 살 더 먹으면 봄이 올 것이다. 동짓달 날은 차지만, 마음이 훈훈하고 까꾸막 골목을 내려서는 발걸음이 절로 가볍다.

한죽

물기를 품은 쌀이 연해졌다. 연해진 쌀을 곰보 바가지에 담아 싹싹 으깨었다. 으깬 쌀을 헹구어낸 뜨물은 함지박에 담아두고 다시 쌀을 잘게 갈았다. 여러 차례 갈았더니 쌀이 가루처럼 부드러워졌다. 부드러워진 쌀가루를 바닥이 두꺼운 냄비에 얇게 부쳐 누룽지가 되도록 불땀을 조절한다. 은근한 불땀으로 누룽지를 만들어야 한죽이 된다고 했다.

구수한 한죽이 되기를 기대하며 가스레인지 옆에 서 있다. 엄마와 뒷집 엄마의 점심을 차리기 위해서다. 처음 해보는 요리라 기대 반, 두려움 반이다. 번거롭다며 하지 말라는 어머니의 만류에도 불구하고 한죽을 쑨다. 은근한 불에 쌀가루가 누렇게 익어간다. 식성이 까다로운 어머니의 입맛에 맞을지 몰라 걱정이 앞선다.

며칠 전, 마을에 사시는 박영자 어머니가 다랭이논에서 거둔 쌀을 주시며 한죽 쑤는 법을 가르쳐주셨다. 자상하게 전수하신 비법을 응용하여 맛난 한죽이 되기를 기다리고 있다. 한죽 쑤는 법을 배웠던 그날 아침에도 설거지를 마치고 텃밭에 갔다. 짚으로 묶은 배추가 어떠한지 궁금해서였다.

고향에 들어오자마자 배추 모종을 심었다. 가을비가 자주 내리더니 제법 알이 찼다. 김장하려면 배추를 싸매야 한다며 박영자 어머니는 볏짚을 축여 우리 텃밭에 갖다 놓겠다고 하셨다. 싸는 법을 모르면 옆 밭을 보고 흉내 내어 보라고 했다. 시키는 대로 했더니 배춧잎이 오그라들며 알이 차오르고 있다. 하나, 둘, 셋……. 세어보니 모두 스물다섯 포기였다. 올겨울 김장으론 충분하겠다 싶어 씽긋 웃었다.

텃밭 옆에는 도랑이 있다. 그다지 넓지는 않지만, 가물어도 도란도란 물이 흐른다. 텃밭 위, 개울가에 누군가의 뒷모습이 보였다. "혁이 엄마?" 자그마한 체구를 보니 영자 어머니가 분명했다. 도랑으로 올라가 "엄마!" 하고 불렀다. 멀리서 부르니 답이 없어 가까이 다가가 다시 불렀다. 뒤를 돌아보는 분은 친구 엄마가 맞았다. 논일한 후 발을 씻고 계셨다. 물이 차갑지 않으냐고 여쭈었더니 괜찮다며 환하게 웃으셨다. 웃는 모습만 뵈어도 기분이 좋아진다.

친구의 어머니인 영자 엄마는 늘 말없이 마음을 내놓으셨다. 어디 축여둔 볏단뿐인가. 내 놀이터인 텃밭에 부추 모종 몇 뿌리까지 몰래 심어놓으셨다. 시골 인심조차 예전 같지 않은 세상인데 다정다감하시다. 냇가로 나오시더니 당신 집에 가서 모닝커피 한 잔 마시자고 하셨다. 나는 친구 엄마의 팔짱을 끼고 그 집 대문 안으로 들어섰다.

내게 커피를 타라고 하시며 부엌 밖으로 나가시더니 까만 봉지를 들고 오셨다. 마을 다랭이논에서 재배한 벼를 찧은 쌀이었다. "딸아, 이것으로 엄마랑 한죽 쑤어 먹어라." 하시며 봉지를 내밀었다. "한죽 예?" 나는 처음 들어보는 말이라 의아해했다. 그러자 싱크대 앞으로 가서 한죽 끓이는 법을 가르쳐 주셨다.

한죽은 죽이지만 싱겁지도 않고 실속이 없는 것도 아니다. 구수하면서도 부드러워 누구나 선호하지 싶다. 특히 이가 시원찮은 어르신들께 안성맞춤 음식이다. 불려 으깬 쌀가루를 냄비에 누룽지처럼 눌려 구수하게 끓이는 죽을 말한다. 구수하고 부드러운 맛이 꼭 친구 엄마의 성품 같아 정겹다.

박영자 어머니는 내가 고향에 들어왔을 때 낯가림하지 않도록 딸처럼 살갑게 대해주셨다. 언제나 밝은 모습이며 두루두루 베푸신다. 허물 있는 사람은 감싸주고, 인정이 남달라서 주위에 사람도 많다. 둥글둥글 성격이 좋아서 우리 딸들이 동그란 할머니라고 부른다.

전수한 대로 시도했더니 맛이 제법 그럴싸하다. 뭉근한 불에 끓인 한죽을 상에 차려 내오니 어머니의 입이 귀에 가 걸린다. 처음으로 해본 음식이라 은근히 걱정되었는데 숟가락을 든 두 엄마가 맛나다고 칭찬하신다. 기분이 좋아서 나도 한 숟갈 떠먹었더니 구수한 한죽이 입안에서 부드럽게 감돈다. 시선을 밖으로 두니 앞산자락에 한죽 닮은 친구 엄마의 얼굴이 동그랗게 떠오른다.

망골이 터전

한동안 문수네 아래채 굴뚝에서 연기가 피어오르지 않았다. 문수 엄마가 병원으로 가셨기 때문이다. 그 집 아래채에는 문수 엄마와 문수가 기거했다. 팔십 대 끝자락까지 농사를 거들던 문수 엄마가 어느 날부터 치매 증세를 보였다. 이상증세가 심해져 노인 유치원에 다니시다가 쓰러져서 병원으로 가셨다. 그 후, 집으로 돌아오지 못하고 있다.

치매 증세가 나타나기 시작하던 어느 날 이른 아침이었다. 설거지를 마치고 마당에 나와 먼 산을 보는데 귀에 익은 소리가 나서 귀가 쫑긋 섰다.

"병원에 가는가?"

장곤네 집 숙모님의 목소리였다.

'일요일인데 무슨 병원을…….'

나는 대문 밖으로 쫓아 나가 골목을 내달렸다. 골목 저 끝에 문수 엄마가 뒤뚱거리며 버스 정류장으로 올라가고 있었다. 목청을 높여 불렀다. 그 소리가 들리지 않는지 문수 엄마는 뒤도 돌아보지 않고 계속 걸어갔다. 발자국도 크게 떼지 못하고 종종거리면서 골목을 올라갔다. 나는 더 크게 소리를 내질렀다.

"엄마, 오늘 병원 안 해예. 일요일입니다."

그러며 손을 좌우로 크게 흔들었다.

내 목소리가 들렸는지 문수 엄마는 걸음을 멈추고 뒤돌아봤다. 무슨 뜻인지 눈치를 챈 문수 엄마가 뒤돌아서 내려왔다. 월요일만 기다리다 그날인 줄 알고 버스 주차장으로 가는 길이었다. 그제야 장곤네 숙모님도 일요일이라며 맞장구를 쳤다. 문수 엄마는 의원 가는 걸 포기하고, 힘들게 발걸음을 옮겨 내려왔다.

"니가 아니었으면 우짤 뻔했노. 내는 오늘이 월요일인가 했대이."

면내 의원에 가서 주사 한 대 맞으려고 월요일만 기다렸다고 했다. 하루만 더 참았다가 내일 가시라며 문수 엄마 등을 감싸 안았다.

뒷집에 가서 커피나 마시자며 대문으로 들어서니 뒷집 엄마는 막 숟가락을 놓고 계셨다. 문수 엄마와 뒷집 엄마는 동갑내기. 더할 나위 없이 친한 친구다. 내 집처럼 생각하는 곳이라 커피를 준비하여 셋이서 잔을 부딪쳤다.

커피를 마시며 자초지종을 들은 뒷집 엄마는 "니 아니었으면 허탕 칠 뻔했네. 모르고 갔다 오지 그랬는가?" 하며 농을 던졌다. 문수 엄마는 "그러게, 말일세!"라며 웃음을 쳤다. 두 분을 보면 어찌 저렇게 정다울 수가 있을까 싶어 부러웠다.

문수네 식구는 눈만 뜨면 망골로 올라간다. 내일모레면 구순인 문수 엄마 역시 마찬가지였다. 아들이 농사를 지으니 가만히 있지 못해 일을 거들고 있다. 일하다가 몸이 아프면 의원에 가서 주사를 맞고 오셨다. 그래야, 또 일을 할 수 있기 때문이다.

병원에 못 갔으니 또 망골에 가실 것 같아 "고마, 오늘 하루는 쉬이소!" 그랬더니 또 망골에 올라갈 거라고 하셨다. 뒷집 엄마가 망골에 올라가면 뭘 먹느냐고 하니 라면 사가서 문수랑 먹을 거라 하셨다. 라면을 사러 매점으로 가려면 한참 걸리는 거리다. 그 걸음으로 언제 매점까지 가시겠나 싶어 집으로 달려갔다. 라면 몇 개를 챙겨 와서 문수랑 먹으라고 드렸다.

문수 엄마는 힘들게 거둔 농산물을 어머니와 나 먹으라며 종종 대문간에 두고 가셨다. 그래서 유난히 마음이 갔다. 찬거리를 얻어먹어서, 먹을 것이 생기면 또래인 문수 주라며 나누기도 했다.

형네에 어머니와 얹혀서 사는 문수는 눈만 뜨면 망골로 올라가 일을 거든다. 문수 엄마도 "아즉 움직일 수 있으니 놀몬 뭐 하겠노. 아들을 도와야지." 하시며 평생토록 몸을 갈았던 망골로 올라갔다. 일이 눈에 보이니 아니 할 수도 없는 운명이었다. 농사 지어 팔아서 한 푼 두 푼 모으는 그 재미로 누구나 쉽게 손을 놓을 수 없고, 농사를 짓지 않으면 묵정밭이 되어버리니 그걸 예방하는 목적도 한몫한다.

망골로 가겠다던 문수 엄마를 보며 뒷집 엄마는 "드러누워야 그만 하겠지."라며 안쓰러워했다. 그러자 문수 엄마는 "힘들어도 꿈쩍거리면 거두는 게 있응께." 하며 선한 미소를 지었다. 운명 같은 일은 터전이 있는 한 버려둘 수 없는 것 같아 가슴이 아팠다.

다음 날, 그 다음 날도 한 걸음, 한 걸음 짧은 발자국을 떼며 문수 엄마는 망골로 올라가셨다. 그 모습을 보고 장곤네 숙모님은 "평생 제날 없이 사는 사람!" 그러시며 혀를 찼다.

문수 엄마는 선한 심성을 지녔다. 시집와 시부모까지 모시며 살았고, 몸이 허약한 남편을 위해 영양가 있는 음식을 준비하여 바쳤다고 했다. 들에서 사는 일은 생활이 되어버렸다. 눈 뜨면 밥 한술 떠먹고 아들과 망골로 올라가서 일하다가 해 지면 마을로 내려왔다.

망골은 설흘산 자락에 있다. 문수네 할아버지 때부터 터전이 있는 곳이다. 망골 전부가 문수네 집 땅 같은 느낌이 들 정도로 주성 오빠와 문수는 토박이 농사꾼 형제다.

며칠 전, 골목에서 만난 주성 오빠는 "내 옷이 왜 이렇게 더럽

겼노." 그러시며 멋쩍은 듯 옷을 탈탈 털었다. 흙이 잔뜩 묻어 있어 부끄러워했지만, 진정 터를 지키는 장본인이라 자랑스러웠다. 그들은 할아버지의 터전이었던 망골을 지키며 산다. 눈만 뜨면 망골에 올라가서 종일토록 터를 일구고 하산한다. 망골은 문수네 형제에게 삶의 의지처이기 때문이다.

은희네

마을에서 유일하게 삼 대가 사는 집이 있다. 큰 느티나무로 둘러싸인 은희네가 그 집이다. 두 해 전에 은희 할아버지께서 소천하시고 지금은 은희 할머니와 엄마·아빠, 삼촌, 막냇동생인 정희가 살고 있다. 마을에서 가장 큰 집이며, 유일하게 삼 대가 모여 사는 대가족이다.

그 집에는 스무 살에 시집와 대궐 같은 집을 지킨 은희 할머니가 안주인이다. 성품이 바르고 말수가 적은 은희 할머니를 나는 존경한다. 만나면 언제나 두 팔을 머리 위로 올려 하트를 보낸다. 그러면 은희 할머니도 똑같이 화답하신다. 여러 세대가 함께 살아서인지 생각이 열려 있는 신세대 할머니다.

대식구가 사는 집에선 배려심이 깊어야 한다. 그래야 집안이 조용하다. 은희 할머니는 그걸 참 잘하시는 것 같다. 은희 엄마가 날마다 일하러 나가니 집안일과 농사짓는 일은 대부분 할머니의 몫이다. 은희 아빠의 사업을 거들며 함께 사는 삼촌까지 거느리고 있으니, 일이 많을 수밖에 없다. 그래도 담 밖으로 싫은 소리 하나 넘지 않는다. 어른 역할을 제대로 하신다는 증거이다.

   도심으로 나갔던 정주 아우님이 갓난쟁이 은희를 안고 귀향한 지 스무 해가 지났다고 했다. 바지런해서 살찔 틈이 없는 은희 아빠는 집 짓는 사업을 하는 대목수다. 마을의 터전인 다랭이논을 보존하는 일 또한 한몫을 한다. 가파르고 좁다란 농로로 트랙터를 자유롭게 몰고 다니며 터전을 지키는 일에 앞장서기도 한다. 늦은 봄이면 논을 갈아 모내기하고, 가을이면 봄의 향연을 꿈꾸며 유채씨를 뿌리기 위해 논을 갈아엎는다. 그 고단한 일을 마다하지 않는 것은 고향에 대한 애착이 강하다는 의미이다.

   은희 엄마는 애를 셋이나 낳았다. 맏딸인 은희와 듬직한 아들 종호, 막내딸 정희까지 삼 남매다. 도시에서 살다가 시골로 들어와 아이 셋을 낳았으니, 그녀는 애국자요. 효부이다. 갓난쟁이를 안고 남편 따라 무작정 시댁으로 들어왔다는 은희 엄마의 용기에 박수를 보냈다. 시골에서 아이 낳아 키우며 시부모님과 한집에서 살았으니, 그것만으로도 후한 점수를 주고 싶다.

   은희는 도심에서 태어나 여기로 왔지만, 종호와 정희는 다랭이 마을에서 나고 자랐다. 객지에서 공부하는 자식들을 뒷바라지한다는 게 쉬운 일이 아닐 텐데 부부는 기꺼이 응하고 있다. 대학원에 다니는 은희와 대학교에 다니다가 곧 해군에 입대하는 늠름한 종호. 고등학생인 정희는 이 동네에서 유일한 학생이다. 무얼 먹여서 아이들이 저렇게 크냐는 말을 인사처럼 듣는다는 부부. 모두가 어찌나 듬직한지 나라의 보배들이다.

    은희 아빠는 새벽부터 목수 일을 하러 세상으로 나간다. 식당에서 일하는 은희 엄마 역시 쉴 틈이 없다. 무더위 아래서 벌겋게 달아오른 얼굴로 일하는 모습을 보면 책임감이란 참 무서운 거구나 싶다. 노동으로 벌써 어깨통이 있고, 관절염이 생겼다는 정주 아우님과 은희 엄마. 자식들 제대로 키우겠다는 일념으로 가끔 몸살 앓는 걸 보면, 부모라는 단어의 위대함을 느끼곤 한다.

    새해가 밝아 흰 소辛丑의 해이다. 세밑 한파에 이어 북극한파가 몰려온다는 예보에 종호 엄마는 걱정이 태산이다. 며칠 후, 아들이 군대에 가기 때문이다. 그 아이가 누구인가. 오래전, 소몰이꾼으로 공중파를 탔던 종호가 아닌가. 종호는 다랭이마을에서 태어나 일찌감치 농사를 배웠다. 초등학생 때 모범 운전사 소몰이꾼이었다. 이제 그 아이의 키가 아버지보다 훌쩍 커서 나라를 지키러 간다. 매섭게 추운 날에 아들을 입대시켜야 하는 어미 마음이 오죽할까. 아들을 집합소까지 데려다주러 갈 것을 걱정하며 오래전 영상을 펼쳐서 보여주었다.

    2012년 팔월에 찍은 영상이었다. 사 년 동안 소몰이를 해서 말은 통하지 않지만, 마음은 통한다던 소와 어린 종호의 모습이었다. 등을 쓸어주면 가만히 있고 일어서라면 종호 말을 듣는 우렁이. 우렁이는 마을의 일꾼 소 이름이었다. 그때 종호 나이 열두 살이었고, 우렁이는 스무 살이었다고 했다. 우렁이는 체중이 300킬로그램이 넘는 소였다. 새끼 열일곱 마리를 낳는 동안 다랭이논과 밭을 일구었던 듬직한 일소였다.

논밭을 경작할 때마다 빌려 쓰던 우렁이는 남해에서 일을 제일 잘했다. 마을에서 마지막까지 남은 일소였고, 논밭 갈이가 힘든 환경에 없어서는 안 되는 존재였다. 영상은 꿈결처럼 아득한 고향 마을의 풍경을 서정적이면서 애잔하게 그려내어 빠져들게 했다. 우렁이는 스물네 살까지 이곳에서 살다가 뼈를 묻었고, 종호는 이제 청년이 되었다.

올해는 막내 정희가 대학에 진학한단다. 이제 셋이나 대학 공부를 시켜야 하니 은희 아빠·엄마의 어깨가 더 무거워질 것 같다. 그래도 그들은 용감하다. 부부가 서로 위하는 마음이 깊고, 누구한테도 기죽지 않고 당당하게 사는 법을 안다. 나는 무언으로 그들을 응원하며 지켜본다. 자식은 부모의 살아가는 힘이니까.

오월의 장미는 피었건만

식전 댓바람부터 통곡하는 소리가 울을 넘었다. 참다 참다 서러움이 차오르면 감정을 억누르지 못했다. 불러도 대답 없는 이름을 부르며 매일 아침 울부짖었다. 평소 그 집에는 기척이 없다. 사람이 사는지 살지 않는지 조용하다. 빈집 같지만, 강 할머니 홀로 수십 년째 살고 계신다.

고향에서 두 번째 맞는 어버이날이다. 마을 청년회와 부녀회에서 어르신들께 달아줄 카네이션을 준비했다. 두레방에서 카네이션과 빵을 나누어 강 할머니 댁으로 향한다. 지렁이처럼 누운 좁다란 골목을 조심스레 걸어 그 집 대문 앞에 섰다. 며칠 전부터 한 송이, 두 송이 피기 시작하던 장미가 며칠 사이 대문간을 붉게 물들이고 있다.

현관문을 열고 계시냐며 들어선다. 아귀가 맞지 않은 현관문이 비명을 지르며 제자리를 찾는다. 머리가 헝클어진 강 할머니가 넋을 놓고 마루에 앉아계신다. 아침은 드셨냐며 나는 엉거주춤 마루에 걸터앉는다. 한 술 드셨다며 강 할머니는 머리를 손으로 훑어 내린다. 어버이날이라 마을에서 카네이션을 준비했다며 심장 위 가슴에 달아드린다. 감정에 북받친 강 할머니는 고맙다고 하시며 금방이라도 곡을 할 태세다.

눈시울이 붉어진 나는 먼 산에 시선을 두며 애먼 말을 꺼내었다. "저 장미는 누가 심었어예?" 대문간에 시선이 간 강 할머니는 "수년 전, 누가 몇 뿌리 주어 심었더니 저래 컸네." 하시며 설핏 웃는다.

오월은 눈이 호강하는 계절이다. 사람은 가고 보이지 않는 바이러스와의 전쟁으로 세상이 멈추어도 산하의 연록이 짙어져 싱그럽다. 자연은 조금도 늦거나 멈추지 않고 우리 앞에 푸름을 쏟아놓는다. 부모는 가정의 하늘. 해와 달을 보고 선한 자연을 느끼며 숨 쉴 수 있음은 한없는 부모님의 은덕 때문이다. 설사 부모님이 가난과 어리석음을 물려주셨다 해도 원망할 일은 아니다.

아들과 마루청에 앉아 바라보았던 앞산이 금세 달라졌다며 강 할머니의 목소리가 또 흐려진다. 외아들을 가슴에 묻은 강 할머니는 시간을 죽여 가며 하루하루를 버티고 있다. 차비가 없어 못 오는가. 부르고 불러도 아들이 오지 않는다며 가슴을 뜯는다. 사람은 떠나도 사랑은 남는 법이라더니 아침에 눈을 뜨면 아들의 빈

자리가 느껴져 날마다 통곡한다.

　보름 전, 집에 온 아들은 "이제 어매와 청에 앉아 저 산을 보는 것도 마지막인 것 같네." 하며 속내를 드러냈다. 그 말을 듣고 놀란 강 할머니는 "이 새끼야, 그게 무슨 말인고?" 하며 엉덩이를 마구 때렸다. 아들은 어머니의 머리를 어루만지며 미장원에 다녀오라며 등을 떠밀었다. 그런 아들을 다시 볼 수 없게 되었으니 어버이날인 오늘은 더 애통한 것이다.

　어느 날 느닷없이 닥친 비보처럼, 아들의 병은 급성 암이었다. 급성이라 손을 쓰지 못할 지경이었다. 아들은 망가진 몸이 더는 회복할 수 없음을 이미 알고 있었다. 예정된 운명을 예감하고 마지막으로 고향을 찾았다.

　늘 조용하던 그 집에 인기척이 나고 부산했다. 사람의 그림자가 왔다 갔다 하고, 평소와는 달리 밤에 집이 환했다. 아들이 왔다는 소문을 들었다. 어느 날엔 망치 소리가 나더니 고장 난 현관문을 수리하고 보일러 손보는 소리도 났다. 그 집 보일러는 일 년에 몇 번 돌리지 않아 고장이 잦다고 했다. 고향을 그리워하는 인간의 귀소본능처럼 아들은 고향 집에서 며칠 머물며 엄마와 마지막 정을 나누었다.

　아들이 위독해져 고향을 떠나던 날, 잿빛 하늘에서 봄비가 부슬부슬 내렸다. 골목에 앉았던 몇몇 사람이 웅성거렸다. "젊은 사람이 무슨 병에 걸렸기에 그리 비쩍 말랐겠노. 사립 밖으로 나오는데 걸음을 제대로 못 걷더라."라며 사람들이 안쓰러워했다. 아들은 보호자도 없이 택시를 타고 B 도시로 떠났다. 일이 없어 와 있는 줄 알았더니 그게 아니었다. 마을 사람들의 이야기를 듣자니 불길한 예감이 들었다.

이틀 후 저녁에 마을 이장님이 비보를 알렸다. 쉰을 갓 넘긴 아들이 몹쓸 병에 걸린 걸 그의 어머니는 모르고 있었다. 병원에 갔던 사람은 그길로 돌아오지 못하고 이승을 떠났다.

강 할머니를 위로하기 위해 마을 사람들이 골목으로 몰렸다. 어둑한 골목에 모인 사람들은 그 집으로 갔다. 몸이 시원찮은 강 할머니는 아들이 며칠간 지내며 입었던 옷을 붙들고 대성통곡했다. '자식을 잃었는데 무엇이 입에 들어가겠노.' 하면서도 아랫집 숙모는 녹두죽을 쑤었다. 나도 부엌으로 들어가 숙모를 거들었다. 강 할머니는 죽을 드시지 않으려고 했지만, 기운이 있어야 아들을 보낼 게 아니냐며 숟가락을 쥐여 주었다. 이웃들의 권유를 못 이긴 강 할머니는 죽을 겨우 몇 술 떴다.

다음 날 새벽, 그 집으로 가 죽을 데워 드시게 한 후 강 할머니를 장례식장으로 보냈다. 장례식을 치르고 집으로 오니 대문간에 아들이 서 있더라고 하며 또 한 번 바닥을 쳤다. 아무도 찾지 않던 그 집에 마을 사람들이 들락거렸다. 나도 찬을 챙겨 수시로 방문했다. 열무김치를 담근 뒷집 엄마도 불쌍하다며 챙겼다.

  삶의 풍파에 시달린 자, 그 마음을 푸는 길은 오직 자연에 다가서는 것뿐이다. 눈물 속에서 지내던 강 할머니는 눈만 뜨면 다랑논으로 향했다. 의지할 곳은 터전밖에 없었다. 그 논은 남편이 뱃일하며 번 돈과 김칫거리도 아끼며 한 푼 두 푼 모아 마련한 터였다. 강 할머니는 그곳에서 종일 기어다니며 일하다가 해가 지면 집으로 왔다. 걷는 것도 시원찮은 사람이 논에서 무얼 했냐고 물으니, 깨를 심었다며 온몸에 묻은 흙을 털었다.

  긴 하루를 그렇게라도 보내야 했다. 바다에서 불어오는 산들바람은 말없이 강 할머니의 땀을 닦아주었다. 집에 홀로 앉아 울기만 하느니 논에서 일하다가 울다가 하는 게 더 낫다고 생각하신 것이다. 종일 비어 있는 집은 붉은 장미가 지켰다.

  마루에 앉아 강 할머니의 넋두리를 듣다 보니 하늘이 흐려진다. 대나무 숲에서 청개구리가 슬피 운다. 이곳에서 가장 가슴을 저리게 하는 것은 청개구리 울음소리다. 청개구리도 비가 오면 엄마 무덤이 떠내려갈까 봐 구슬피 우는데 홀어머니를 두고 떠난 아들의 가슴은 얼마나 미어졌을꼬.

  꽃은 자기의 모든 것을 내어주어 저리도 고운데 사람은 어디로 갔을까. 대문간에 핀 붉은 장미는 강 할머니의 핏빛 그리움 같아 오월의 하늘을 본다.

섬

밤이 산그림자처럼 길어졌다. 이른 아침, 까꾸막 골목을 오르며 모퉁이에 남은 어둠을 밀어낸다. 느티나무가 있는 골목을 돌아서면 밤새 길을 밝히던 가로등이 눈을 감는다. 어둠이 물러나자, 설흘산에 머물던 구름이 사라지고, 산야가 가을옷을 입는다. 하늘은 높고 대기는 청정하다. 어디에서도 맛볼 수 없는 아침 공기다. 자연이 주는 크나큰 선물을 나는 매일 받고 있으니 이 또한 복이지 않은가.

뜨겁던 여름날, 아침마다 이 골목을 오르며 땀을 훔쳤다. 내가 이 길을 아침마다 걷는 이유가 있다. 마을에서 가장 연장자인 조씨 어르신의 조반을 차려드리기 위함이다. 어르신은 아흔하고도 셋. 두어 달만 있으면 아흔넷이 되신다. 오늘은 어르신을 돌보지 않는 날이지만, 삼 일간 연휴가 이어져 일부러 방문한다.

이틀 정도는 해둔 밥을 챙겨 드실 수 있겠지만, 사흘 연속 드시는 건 아니지 않은가. 내가 조금만 수고하면 되는 일. 연휴라 더 누워 있고 싶었지만, 어둠이 가시기 전에 자리를 털고 일어나 집을 나왔다. 대문 안으로 들어서니, 어르신은 벌써 마당에 나와 계신다. 마른 몸에 훤칠한 키. 꼭 내 아버지 같으시다. 아버지 생전에 절친한 친구셨고, 어르신의 딸이 내 친구라 특별한 인연이다.

나는 마을 어르신들을 부를 때 아부지, 엄마라고 호칭한다. 뒷집 친구 엄마도 엄마, 친구 아버지도 아부지라 부른다. 한동네에서 몸을 갈고 살았던 분들이라 거리감이 생기지 않고 부모님처럼 느껴지기 때문이다.

생각이 많으신 아부지는 내가 번거로울까 봐 어젯밤에 전화했다. 연로하시지만 아직 정신이 맑고 배려심이 깊다. 남은 밥이 있으니 내일 오지 않아도 된다고 하셨지만, 내 아버지처럼 잘 대해 주시는 마음이 고마워서 올라가겠다고 했다. 베푸는 만큼 베풀고 싶은 것이 사람 마음. 새 밥과 국을 해드리기 위해 부엌으로 들어갔다.

친구 아버지를 돌보기 시작한 건 봄부터였다. 십칠 년 전에 부인을 하늘나라로 떠나보내시고 홀로 살아오셨다. 그동안 혼자 밥을 해 드시며 사셨다. 딸들이 보내주는 찬으로 혼자 밥을 해 드시다가 지난 오월부터 내가 아침을 차려드리고 있다.

딸들은 홀로 사시는 아버지를 위해 찬거리를 냉장고에 채워 둔다. 생각보다 식사량이 적고, 반찬도 당신이 좋아하는 것 두세 가지만 있으면 잘 드신다. 처음엔 취향을 몰라 허둥대기도 했지만, 반년 정도 되니 아버지의 전부를 알게 되었다.

쌀을 씻어 솥에 안치고 나니 동살이 번진다. 붉은 여명이 수평선 위에 깔리며 해가 떠오른다. 날마다 해는 뜨지만, 우리네 삶처럼 해가 떠오르는 모습은 매번 다르다. 그날의 자연현상과 계절에 따라 장관을 자아낸다. 해가 떠오르면 나에게 구경하라며 소리치신다. 해 뜨는 위치가 점점 바뀌어 머지않아 바다에서 떠오를 거라고 하셨다. 부인이 세상을 든 후, 매일 아침을 홀로 맞이하며 섬처럼 지내셨다.

밥이 끓는 동안 국과 찬을 준비했다. 좋아하시는 버섯 복음과 김자반, 게살 부침으로 상을 차렸다. 손수 차려 드시는 게 익숙하셔서 어제저녁에 꽃게탕을 끓여놓으셨다. 된장을 풀어 양파와 꽃게로 끓였는데 맛이 제법이다. 수저를 놓고 김이 모락모락 나는 음식을 식탁 위에 차려 드리니, "와따, 날래기도 하다." 그러시며 의자에 앉으신다. 그 말은 매일 인사처럼 하신다. 점잖으신 편이라 돌보는 사람이 편안하다.

수저를 드는 걸 보고 마당으로 나왔다. 마당 언저리의 화단에서 오월부터 붉은 정염을 토하던 장미가 빛을 잃고, 갈색이다. 친구 엄마가 좋아하여 아부지께서 심었다던 꽃이다. 이 집 마당에 서면

섬　191

넓게 펼쳐진 바다를 품을 수 있다. 바다가 훤히 보이는 전망 좋은 집이다. 그 바다 위에 있는 소품처럼 장식된 소치섬이 아침 안개에 싸여 희미하게 보인다.

저 섬은 홀로 사시는 아부지처럼 외로워도 슬퍼도 언제나 그 자리를 지키며 침묵한다. 요즘 자주 눈시울이 젖는 아부지처럼 홀로 선 저 섬도 가끔은 고독에 몸부림칠 것이다. 아무 걱정 없이 사시는 듯해도 누구나 말 못 할 사연은 간직하고 산다. 아부지 역시 별다르지 않다. 내색하지 않으시지만, 몰래 담배를 피우시는 것을 몇 번이나 목격했다. 그럴 땐 나무라기보단 못 본 척한다.

추석이 지나고 며칠 후, 아버지께서 나를 조용히 불러 앉히시곤 내가 오는 시간을 좀 바꾸자고 하셨다. 생각하지도 않던 말씀에 놀란 나는 왜 그러시냐며 여쭈었다,

"다른 게 아이고, 네가 나한테 온다고 늦잠을 못 잘 거 같아서……."

하시며 말꼬리를 흐렸다. 나는 아니라며 괜찮다고 손사래를 쳤다. 난 아침잠이 없어서 새벽에 일어나니 신경 쓰지 마시라고 했다. 그러자 진심이 가득한 표정으로 고맙다고 하셨다. 배려하심에 감사했다. 내가 무보수로 올라오는 것도 아닌데 나를 안쓰러워했다. 그럴 땐 더 잘해드리고 싶어진다. 꽃분홍색 티를 입고 병원에 가시는 걸 보면 아직도 삼십 대 청년 같으시다.

식사가 끝났다. 오늘은 내 근무시간이 아니라고 하니까 눈시울이 붉어졌다. 내 마음을 아시곤 고맙다고 했다. 나도 몰래 내 아버지처럼 살포시 어깨를 감쌌다.

아부지께서 장수하시는 이유가 있다. 배려심이 많으시며 성격이 느긋하신 편이다. 말수가 적으시고, 별 스트레스를 안 받는 성격 탓이리라. 늘 환하게 반겨주는 모습에 내 마음이 녹아들고 수발하기가 수월하다. 이제는 내가 가지 않는 일요일 하루만 빠져도 한 달처럼 느껴진다고 하신다.

설거지를 마치고 하루 찬을 차려둔 후 대문을 나선다. 아침 안개에 숨었던 섬이 모습을 드러내고 햇살이 퍼진 바다 위에 윤슬이 반짝인다. 시월의 산야는 만추로 향하고 있다. 내년이면 아부지의 연세가 아흔네 살. 무탈하게 건강하셔서 내년 봄에도 붉게 핀 오월의 장미를 볼 수 있었으면.

터 지킴이

해 질 무렵, 들로 나갔다. 책상 앞에 앉았다가 눈의 휴식을 위해 나가는 시간이다. 매일 산책 코스는 정해져 있다. 모교로 가는 길목에 있는 목갯등이다. 설흘산자락이 치마처럼 흘러내린 곳. 그곳으로 나가면 내가 가꾸는 텃밭이 있고, 다랭이논의 사계를 느낄 수 있다. 이팝나무꽃은 이미 지고 잎이 무성해져 색이 짙다. 제철에 모내기하여 모가 제자리를 잡은 논이 있지만, 아직 물을 잡지 못한 논도 있다.

바닷가에서 등고선처럼 층을 이룬 다랑논. 트랙터가 겨우 들어가는 논배미의 두렁을 만드는 사람이 있다. 멀리서 보아도 누구인지 감이 잡힌다. 정수 아우님! 목소리를 높여 그를 부르지만 들리지 않는 모양이다. 좁다란 논두렁 타고 그가 있는 곳으로 조심스레 발길을 옮겼다. 뱀이라도 나오면 어쩌나. 발 앞을 유심히 살피며 그가 일하고 있는 곳으로 갔다.

가까이 가서 다시 부르니 그가 밀짚모자를 젖히며 올려다본다. 모자 아래로 구릿빛 얼굴이 드러났다. 옷은 흙탕물에 젖어 있고, 며칠 사이 좀 마른 것 같다.

"아우님, 논일한다고 고생이 많네요."

"허허허!"

그가 너털웃음을 친다.

"이렇게 일을 하면 얻는 것도 있겠지?"

"얻는 것은 골병밖에 없십니더."

농이지만 돌아오는 답은 의외다.

다소 늦은 감이 있는 모내기다. 적어도 유월 초순까진 모내기가 끝나야 하는데 그렇지 못하다며 흙탕물 묻은 손이 바삐 움직인다.

그의 주업은 농사짓는 게 아니라 건축업이다. 집 짓는 일이 주업인 그는 집 앞 다랭이논 일은 취미 삼아 한단다. 평일엔 사업하고 들어와 달빛 아래서 일하고, 주말엔 자연을 벗 삼아 농사를 짓는다. 그는 친환경적으로 농사를 짓는다. 일하다가 허리를 펴고 수평선이 펼쳐진 바다를 보면 그보다 더한 행복은 없다고 했다.

고향 후배가 아니라 본 적은 없었지만, 남동생의 친구이자 내 중학교 후배라고 했다. 내가 귀향했을 때 그는 누나라고 부르며 친근하게 다가왔다. 어머니를 돌보다가 본집으로 돌아갈 거라는 내 말에 반색하며 남아서 다랭이마을을 지키자고 했다. 그때 난 갈등하고 있었다. 어머니를 삼 년만 모시고 돌아갈 것인가. 아님, 끝까지 어머니를 모시고 살 것인가를 고민하고 있었다. 생각이 많아 하루에도 몇 번씩 초가집을 짓다 무너뜨리곤 했다.

그는 다랭이마을 토박이가 아니다. 이곳이 좋아 이웃 마을에서 들어와 터를 잡았다고 했다. 사는 집을 손수 짓고, 다랭이논을 사서 자기 방식대로 농사를 지으며 살아간다. 자신이 태어나 자란 터를 떠나 이곳으로 들어와 손수 지은 집을 보면 그의 굳은 소신이 엿보인다.

그는 자연과 잘 어울리는 사람이다. 다랭이논을 지키기 위해 지금도 제초제를 쓰지 않고 농사짓는다고 했다. 노화하여 무너진 논 언덕을 손수 쌓고, 모를 심으며 자연을 느끼는 사람이다. 일꾼을 들여 보수하는 것이 아니라, 혼자서 돌을 나르고 석축을 쌓아 묵은 땅에 한 평의 터를 더 만들기도 했다.

마을에는 유난히 암반이 많다. 바닷가에서부터 암반이 많은 터다. 그와 대화를 나누다가 예전에 발견하지 못했던 다랭이논의 특이함을 발견했다. 산비탈을 깎아 계단 논을 만들 때 들어낼 수 없는 바위는 그대로 두고 언덕을 쌓은 흔적이 보인다. 자세히 보니 다랭이논의 수로는 특이하다. 언덕 수로가 논바닥 아래로 나타나 있다. 애초에 논을 만들 때 그런 점을 보완한 것이었다.

이처럼 층층이 쌓은 다랭이논에는 선조들의 지혜가 엿보인다. 그래서 이곳을 문화재로 지정한 것이 아니겠는가. 그는 자연 그대로의 논이 좋다고 했다. 연장으로 바위를 제거할 수 있지만, 그대로 두고 농사를 짓는다고 했다. 자연스러운 바위를 보며 마음의 공부까지 한다니 그는 진정한 자연인이며 자연을 쉼터로 여긴다.

훗날 자신이 생을 마감하면 바다가 보이는 곳. 이 다랭이논에 묻어달라고 아내에게 청했다며 호탕한 웃음을 친다. 그곳은 볕 잘 드는 양지이고, 멋진 전망이 펼쳐져 있는 명당자리라고 한다. 그는 급한 것이 없어 보이는 사람이다. 논둑과 언덕에 자란 풀을 손으로 직접 벤다. 제멋대로 난 풀과 야생화의 무성함이 좋다며 씩 웃었다.

나이가 드니 너도나도 터의 소중함을 느끼는 모양이다. 한 평의 터도 소중하다며 논일하는 그를 뒤로하고 지렁이처럼 생긴 논둑을 걷는다. 소싯적에 봄이 되면 쑥을 캐고 염소 풀을 베던 곳. 좁은 논둑길을 겁도 없이 뛰어다녔던 시절이 떠올라 동심 어린 미소를 짓는다. 자연처럼 살아가는 그의 의지가 꺾이지 않고 영원한 터의 지킴이가 되기를 바라며 논둑 뒤로 끝없이 펼쳐진 바다를 본다.

사라져서 그리운 것들

　세월이 흐르면서 이곳에도 사라진 것과 존재하는 것이 있다. 존재하고 있지만, 그 의미를 잃은 것도 있다. 사라진 것은 앞서 떠난 사람들과 몇몇 집, 그리고 수없이 많다.

　마을 중심에 있던 배꼽마당은 추억의 산실이었다. 이제 그곳은 마을 두레방이 생겼다. 두레의 어원처럼 마을 사람들이 정을 나누며 서로 돕기 위해 만든 방이다. 두레방은 마을 잔치가 있을 때 모이고, 소규모의 모임 장소이기도 하다. 시월 대보름 동제가 끝난 후 제삿밥을 나누어 먹으며 단합하고, 마을을 찾는 관광객의 체험관이 되기도 한다.

　배꼽마당일 때는 아이들의 놀이터였다. 기차놀이, 공놀이, 공기놀이, 고무줄놀이, 숨바꼭질, 자치기하며 성장한 터였다. 무엇보다 기억에 각인된 건 초상初喪이 났을 때 장례식을 올리던 모습이다. 널따란 배꼽마당에서 꽃상여가 꾸며졌고, 노제를 올렸다. 출상하는 날에는 만장의 행렬이 줄을 이었다. 꽃상여는 펄럭이는 만장 뒤에서 앞으로 갔다가 다시 뒷걸음질을 치고 했다. 이승에서 저승으로 가는 아득한 길을 어찌 쉬이 넘을 수 있었으랴.

또한 가을걷이가 끝나면 농산물의 매상을 대는 일도 배꼽마당에서 했다. 고구마 썰어 말린 것과 나락·보리 등 곡물을 배꼽마당에 내어와 매상을 하는 곳이었다. 어버이날이나 마을 화전놀이 할 때는 어른들이 장구 소리에 맞춰 춤을 추던 곳이기도 했다.

사람은 떠나고 터만 남은 곳도 있다. 지금은 폐교가 되었지만, 가천국민학교가 생기기 전에는 간이학교인 서당이 있었다. 지금 바리스타 김이 운영하는 찻집이 서당 자리였다. 그곳은 대양이 훤히 보이고, 바다 위로 떠오르는 일출을 볼 수 있다. 그 터에서 마을 사람들이 배움을 익혔다. 마을 사람이라고 모두가 공부했던 것은 아니다. 살림이 좀 나은 집안의 자식이나 간이학교에 다녔다. 그러다 지금 폐교로 남아 있는 곳으로 터를 옮겨 후손들이 공부했다.

지금은 초등학교라 불리지만, 내가 다닐 때는 국민학교라고 했다. 가천국민학교는 이 마을 아이들만 다녔다. 한때는 전교생이 백 명을 넘기도 했다. 한집에서 몇 명씩 다니던 시절의 가을운동회는 동네잔치였다. 마을에 아기의 울음소리가 사라지자 더 이상 아이들의 함성은 들리지 않는다.

모교 운동장에 서면 앞에는 수평선이 끝없이 펼쳐져 있고, 뒤에는 설흘산이 우람하게 자리 틀고 있다. 울타리에 무성한 풀과 나무를 베어내면 바다 전망이 따로 없고, 우뚝 솟은 설흘산 꼭대기에서 정기가 흘러내리는 명당자리이다. 이 좋은 자리에 터를 잡은 학교가 지금은 침묵하고 있다. 운동장에 서면 지금도 가슴이 뛰는데 학교는 가르침과 배움의 의미를 잃었다. 아이들의 함성이 사라진 운동장에 홀로 서서 아쉬움을 토하다가 돌아서곤 한다.
　며칠 전, 내가 돌보고 있는 Y 오빠께서 학교가 보이는 마루에 앉아 오래된 이야기를 꺼내었다.
　"동숭, 저 학교는 동네 사람들의 피땀으로 세웠다네. 저기로 터를 옮길 때 눈만 뜨면 일하러 나오라고 방송했제."
　날마다 동네일을 하고 골병이 들었다며 울분을 토했다. 남자들은 앞 바닷가에서 화강암을 져 날랐고, 아낙들은 몽돌 바닷가에서 자갈과 모래를 이고 다녔다며 그때를 회상했다. 신체와 지적 장애가 있어 당신의 이름조차 쓸 줄 모르지만, 나고 자라온 곳이라 그 기억은 생생했다.
　이곳에 돌아와 살면서 알았다. 터는 논과 밭이나 집이 전부가 아니라, 동민의 피땀으로 세운 학교도 매한가지라는 것을. 주민의 얼과 한이 담긴 곳이 저렇게 버려져 있다니. 지켜야 하는 곳이 터인데. 어쩌다 개인 소유로 되어서 학교의 역할을 잃고 있는지 참으로 안타까운 현실이다.

내가 열한 살 되던 해, 마을에 전기가 들어왔다. 전기를 끌어오는 데 일조하신 분은 입심 강한 김학선 어르신이었다. 우리 마을은 옆 동네와의 거리가 십 리이다. 거리를 좁히기 위해 무지개마을에서 이어왔다. 재를 넘어야 하는 무지개마을에서 전기를 이어오기란 쉽지 않았다. 설흘산 자락에 전봇대를 세우기 위해 마을 어르신까지 동원되었다. 길 없는 터에 전봇대를 세우기 위해 윗대 어른들은 앞장서 땀 흘렸다.

지금 후대가 편리하게 사는 건, 순전히 윗대 어르신들의 노고 덕택이다. 학선 어르신께서 나중에 손만 대면 밥을 해 먹을 수 있을 거라 하셨던 말씀이 얼마 지나지 않아 이루어졌다.

마을에 전기가 들어오니 달라진 것이 한둘 아니었다. 우선 디지털 라디오 소리만 나던 마을에 TV가 들어왔다. 그렇다고 집집이 티브이를 넣은 건 아니었다. 제법 괜찮게 사는 집에만 티브이를 사들였다. 14인치 티브이만 있어도 남의 부러움을 샀다.

주말 밤이면 티브이를 보기 위해 마실을 다녔다. 어떤 집은 안방 문을 열어놓고 들어오라 했지만, 일찍 대문을 걸어 잠근 집도 있었다. 대문이 닫혀 있던 집에는 까치발을 딛거나 담을 붙들고 올라가 티브이를 엿보곤 했다. 그러다 물바가지 세례를 받기도 했었다.

주말이면 이른 저녁을 먹고 TV가 있는 집으로 가 떨어지지 않는 입을 열었다. "텔레비 좀 보여 주이소!" 나는 얼굴 예쁜 언니 덕을 톡톡히 봤다. 티브이를 얻어 보러 가는 날이면 필히 발을 씻었다.

그 후, 마을 집회소에 티브이가 생기고, 하나둘 보급되어 집집이 소유했다. 크기도 바뀌고, 다리 네 개가 달린 티브이가 들어오기도 했다. 우리 집 안방에 티브이가 들어오는 날에는 뛸 듯이 기뻤다. 남의 눈치 보는 일이 없어지고, 보고 싶은 프로그램을 선택할 수 있었기 때문이다.

좋아하는 프로그램이 나오면 안방을 들락거렸다. 내가 가장 즐겨 보던 프로그램은 해 질 무렵에 방송된 '영희의 일기'였다. 지금도 그때의 영상이 어슴푸레 떠오를 정도로 즐겨보던 프로그램이었다.

나이 열댓만 넘기면 너나없이 입 벌이 하러 대처로 나가던 시절이 있었다. 특히 여자아이들이 돈벌이하러 일찍 도시로 보내졌다.

남해대교가 생기지 않은 시절, 둘째 언니는 노량에서 배를 타고 부산으로 갔다. 열넷 어린 나이에 부잣집에서 일을 했다. 둘째 언니가 고생해서 번 돈으로 동생들은 중학교에 들어가고, 골짜기 산을 밭으로 개간했다.

큰언니는 서울, 셋째 언니는 중학교를 졸업한 후 부산으로 가 섬유공장에 다녔다. 어린 나이에 객지로 나간 언니들은 명절 쇠러 고향으로 오는 것이 큰 기쁨이었다. 새벽부터 시외버스터미널로 나와 줄서 기다리다가 고향 집으로 왔다. 설빔 사 올 언니들을 생각하면 남동생과 난 들떴다. 마루에 앉아 기다리다가 마을 어귀로 드는 버스만 보이면 부리나케 정류소로 올라갔다. 언니들은 그때 구하기 어려운 설탕과 밀가루, 옷 등을 사 오고 용돈도 주었다.

고향에 오는 언니들을 위해 아버지는 키우던 염소를 잡아 불고깃감을 준비했다. 잠을 설치며 집에 온 언니들은 군불 넣은 방에 누워 향수병을 치유했다. 지금 같으면 한창 공부할 나이인데 돈 벌러 가는 게 당연한 일인 듯 도시로 나갔다. 살림이 궁했던 시절이라 자신보다는 집안, 동생들을 위해 희생한 언니들이었다.

세월이 흐르면서 집마다 키우던 소가 없어졌다. 터를 일굴 때 없어서는 안 될 소가 사라졌다. 예전에는 집마다 소를 키웠다. 터를 일구기 위해서는 소의 힘이 요긴했다. 열악한 터전에서 소는 일꾼이며 우상이었다.

소 키우는 일은 대부분 아이들의 몫이었다. 여름이면 소 풀 먹이러 산과 들로 나갔고, 조석으로 풀을 베다 날랐다. 소에게 먹이려고 겨울이면 여물을 끓였다. 송아지를 낳는 날이면 아버지는 호롱불을 들고 마구간으로 오고 갔다. 잘생긴 송아지가 태어나면 거금을 한몫 챙겼다. 그 돈으로 비료를 사고 아들딸 교육비로 썼다.

그 시절에 있던 재래식 화장실도 사라졌다. 냄새 때문에 본채와는 떨어져 있어 무서웠고 불편했다. 재래식 화장실에서 나오는 인분은 거름이었다. 아버지는 차오르는 인분을 밭으로 내기 위해 똥 장군을 실은 지게를 지고서 들로 나갔다.

아버지의 심부름으로 자주 다녔던 담뱃집이 없어지고 집터만 남았다. 그땐 담배 피우는 분들이 많았다. 좁다란 골목길의 끝자락에 담뱃집이 있었다. 그곳에서 술도 팔았다. 빈 소주병을 들고 가면 반 병도 살 수 있었다. 그땐 눈대중으로 소주량을 측정했다. 소주병 두 개를 나란히 세워두고 두 병에 든 소주가 일직선이 되면 오케이 사인이 떨어졌다.

또 하나 잊을 수 없는 집은 학교 가는 길목에 있던 점방이었다. 등교하던 아이들이 들락거리던 구멍가게였다. 그곳에선 술과 풀빵, 과자와 학용품을 팔았다. 그 집 앞은 아이들이 늘 기웃거렸다. 투명 유리창 너머로 라면땅 뽀빠이와 자야, 여러 가지 모양의 뽑기 풍선, 만화가 그려져 있던 풍선껌이 보였다. 용돈을 받는 운동회나 소풍 가는 날이면 그 집 앞은 더 붐볐다.

십 원 주고 뽑기를 하여 크기가 다른 풍선을 얻었고, 뽑기에 세워진 손가락 숫자대로 캐러멜이 주어졌다. 사카린을 입힌 하얀 캐러멜이 입안에서 살살 녹으면 달콤했다. 맛보다 더한 재미는 뽑기로 개수를 얻는 것이었다. 운이 좋으면 손가락 다섯 개가 뽑혀 캐러멜을 가장 많이 얻기도 했다.

농사철이면 풀빵도 구워 팔았다. 보리를 베거나 모내기할 때 새참으로 사 먹었다. 현민 어매가 부엌에서 빵틀을 돌려가며 풀빵을 굽던 모습이 지금도 눈에 선하다. 앙꼬가 팥이었던 그 풀빵의 달콤한 맛은 지금도 잊을 수 없다.

얼마 전, 옛 친구와 이야기를 나누다 사투리 고백을 들었다. 달구새끼가 알 놓고 울라치면 빨리 후차 삐고 알 훔쳐서 현민네 집으로 달려갔다고. 계란 하나로 풀빵 다섯 개를 바꾸어 먹었다고 실토했다. 그 친구는 유난히 기억력이 좋다. 지금도 변하지 않은 고향이 늘 그립다고 한다. 삐삐 뽑고, 참꽃 따서 입에 물고 다녔던 추억이 생생하게 떠오른다며 회억했다.

지금은 보일러, 세면장까지 있어 편리해졌지만, 예전에는 산에서 나무를 해 와서 땔감으로 썼다. 겨울이 되기 전부터 겨우 내내 쓸 땔감을 구해야만 했다. 아궁이에 불 지펴 방을 데웠기 때문이다.

겨울이 오면 내남없이 망태와 새끼줄을 들고 산으로 갔다. 땔감이 될 만한 것은 무조건 구했다. 땅에 떨어진 솔잎은 불이 곱고 연기가 나지 않아 최고의 땔감이었다. 얼마나 땔감이 귀했으면 솔방울, 나뭇잎, 죽은 나뭇가지……. 심지어 짚도 땔감이 되었다. 이곳은 연탄을 때지 않아 석유 보일러가 들어오기 전까지 그랬다.

겨울 방학 때 나무하러 산에 다녀오면 어머니는 고구마를 한 솥 삶아 놓으셨다. 김장 김치 쭉쭉 찢어 김이 모락모락 나는 고구마에 척척 걸쳐 먹으면 맛이 끝내줬다. 땔감을 많이 해오는 날에는 칭찬받았다. 산을 쏘다니며 손 트는 줄도 모른 채 일을 했다.

겨울날, 작은 부엌 솥에는 소여물을 쑤었다. 이곳에서 노동을 의존했던 소는 가족 같았다. 송아지가 태어나면 금송아지였다. 팔아서 돈을 마련하거나 키우면 일소가 되었다. 그래서 소여물 쑤기는 집마다 했다. 소여물을 끓이고 나면 솥에 물을 부어 데워서 가족이 씻었다.

소만 중한 게 아니라 염소도 키워 팔아서 돈을 챙겼다. 돈 되는 일이 흔하지 않은 이곳에서는 짐승을 키워 팔면 돈이 되었다. 한 푼 두 푼 모아서 집을 짓고 생활비로 썼다. 그래서 어린아이도 꼴을 베러 망태 메고 들과 산으로 나갔다. 초등학교에 다니던 시절 이른 아침에 파릇파릇한 소 풀을 한 망사리 베어놓고 등교했다.

그리움을 자아내는 일이 또 하나 있다. 설날 떡 치는 풍경이다. 한 해에 명절이 두 번 있었지만, 설날을 더 크게 세웠다. 우리 집엔 커다란 떡판이 있었다. 설이 되면 떡판을 마당에 앉혀 여러 가지 떡을 빚었다. 봄날에 캐놓은 쑥을 삶아 쑥떡 만들고, 찰떡과 가래떡, 꽃무늬를 새긴 절편도 만들었다.

쌀을 절구에 빻아 가마솥에 쪄 아버지는 떡메를 치고 어머니는 손으로 주물러 떡을 빚었다. 설날 전날이면 떡치는 소리가 마당을 넘어 골목까지 울려 퍼졌다. 따끈따끈하고 부드러운 떡을 먹고 싶어 학교에 가기 싫을 정도였다. 떡은 살강에 올려두고 정월대보름까지 먹었다. 아궁이의 불씨를 꺼내어 구워 먹는 재미가 쏠쏠했다. 부모님은 하늘의 별이 되셨지만, 오십여 년 전의 그 모습이 눈에 생생하여 눈을 감는다.

쌀밥 같은 눈이 흙 마당과 초가지붕 위에 수북이 쌓이던 날도 있었다, 그해 첫눈으로 세수하면 낯이 하얘진다고 했다. 또 하나 고드름이 나란히 매달린 처마도 그립다. 모깃불 피워놓고, 반딧불 깜박이는 마당 멍석에 누워 초롱초롱한 별바라기 하던 때도 그리운 풍경이다. 푸른 보리밭 위로 떠가던 맑은 요령 소리와 집마다 있었던 소의 워낭 소리도 이젠 들을 수가 없다.

유일하게 하나 있던 방앗간도 사라졌다. 보리, 벼의 수확기가 되면 방앗간은 쉴 새 없이 돌아갔다. 방아 찧는 소리가 끊이질 않았고, 마음의 부자가 된 사람들은 방앗간을 들락거렸다. 다랑 논밭에서 재배된 곡식을 도정하여 집집의 곳간을 채웠다. 설흘산 정상에 있는 봉수대와 산 밖으로 가는 길에 있는 망수대가 기술과 정보화 시대로 존재가치를 잃고 그 자리만 지키고 있다.

사라진 것이 어디 한둘인가. 이 모든 것들은 사라져서 더 그리운 것들이다.

5

뿌리를 내리다

설흘재 雪屹齋

마음먹은 대로 하자면 돌아갈 때이다. 나 자신과의 약속은 지켰다. 적어도 삼 년은 어머니를 모시겠다고 다짐했으니. 그 후엔 내가 살던 곳으로 돌아갈 생각이었다. 하지만 지난가을 고향에 뿌리내리기로 결심했다. 누가 뭐라고 해도 강한 의지는 흔들리지 않았다. 사무치는 그리움과 쓰디쓴 외로움도 단절했다.

어머니와 고향 집을 지키기로 한 나는 뜻밖의 일까지 떠안았다. 사랑채를 수리하는 일이었다. 고향 집이 내 명의로 되고, 사랑채를 단장하는 건 꿈에도 생각하지 못했다. 아버지께서 못다 한 일을 딸인 내가 하게 되다니. 이루 말할 수 없이 기쁘다.

뿌리가 팔십 년이 되었다는 고향 집은 증조부께서 지었다고 했다. 목수였던 아버지의 손에 몇 차례 보수되긴 했지만, 세월의 흔적을 간직한 사랑채는 허름하기 짝이 없었다.

생전 아버지의 숙원이었던 사랑채 단장이 시작되었다. 지붕을 새로 잇기 전날 밤엔 잠을 이룰 수 없었다. 아침에 눈을 뜨자마자 하늘을 봤다. 하늘가엔 회색 구름이 이불처럼 깔려 있었다. 비가 내리지 않기를 소망하며 선산이 있는 골을 향해 두 손을 모았다.

슬레이트를 철거하기 위해 인부들이 집으로 왔다. 갑자기 하늘에서 굵은 빗방울이 떨어져 걱정했으나 이내 그쳤다. 염려와는 달리 일은 순조롭게 진행되었다. 오랜 세월 견뎌온 슬레이트를 걷어내고, 함석으로 지붕을 새로 입혔다. 지붕이 말끔하게 단장되니 고향 집이 한결 돋보였다.

지붕 공사가 끝나자, 실내 공사가 시작되었다. 옛 방과 화장실, 부엌 벽을 허무니 사랑채의 역사가 드러났다. 벽면은 흙으로 지어 뼈대였던 대살이 나왔다. 썩지 않은 대살을 보니 선조의 지혜가 엿보여 숙연한 마음이었다. 가마솥이 걸려 있던 부엌은 현대식으로 바꾸고. 재래식 화장실은 흙으로 채워 욕실을 만들기로 했다.

사랑방 벽지를 뜯어내니 초배지로 신문지가 발려 있었다. 그 신문은 수십 년 전 아버지께서 구독하신 B 일보였다. 내가 초등학교에 다닐 때, 아버지는 신문을 구독하셨다. 우편배달부가 일주일에 두세 번 배달, 구독했던 신문이었다. 그 신문을 초배지로 바르고, 벽을 유지하기 위해 시멘트를 덧바른 흔적이 엿보였다.

아궁이를 없애고 구들장을 걷어냈다. 방고래에 깔았던 얇고 넓은 돌이 마당에 그득했다. 옛사람의 지혜는 언제나 연구 대상이다. 자기 몸을 데워 방을 데워주던 구들장이 고맙기만 했다. 사랑방에서 나온 구들장을 요긴하게 쓸 방도를 모색했다. 마당 언저리에 화단을 꾸미면 되겠다 싶어서 없애지 않고 쌓아두었다.

사랑채는 장손인 아버지부터 내리 사용했다. 장가든 삼촌 네 분이 첫날밤을 보냈던 곳이다. 자손을 낳고 그 아래 삼촌이 장가를 들면 방을 물려주고 분가했다. 목수였던 아버지께서 손수 만들어 숙모님께 선물한 장롱이 아직도 남아있다. 대대로 물러온 것은 삶의 역사라 버리지 않고 보존하고 있다.

내 삶이 환희로 다가오길 기다리며, 옛집을 꾸미기 시작했다. 책과 꽃, 음악이 있는 감성 숙소로 꾸미는 게 꿈이었다. 글쓰기를 멈추고, 사랑채를 수리하기 위해 나는 몸을 갈았다. 글쟁이가 글은 쓰지 않고 돈 벌기에 급급했다. 닥치는 대로 일을 했다. 평일엔 어머니를 보살피며 마을 어르신 돌보는 일을 했고, 주말이면 식당 알바도 마다하지 않았다.

내가 꿈꾸어온 공간은 과거와 현대가 공존하길 바랐다. 침실과 화장실, 부엌은 현대식으로. 마루와 서재는 옛날 모습을 간직하길 원했다. 서까래는 살리고, 툇마루가 있는 공간을 만들었다. 서재와 마당 사이에는 창호지가 발린 문을 달았다. 사군자를 상징하는 문 네 짝이었다.

소품으로 분위기에 맞는 조명을 달고, 손수 디자인한 책장을 재주 있는 목수한테 주문 제작했다. 장독대와 마당도 단장했다. 마당 언저리에 구들장으로 화단을 만들어 꽃나무를 심었다. 저마다 사연을 간직한 꽃처럼, 여기에 오는 손님도 자연을 생각하며 지혜를 배워가길 소망했다.

몇 해 전, 이름 있는 서예가와 조각가가 새겨준 '책이 있는 집' 현판을 서재에 달았다. 고서와 신간으로 책장을 채우고, 턴테이블을 비치하여 엘피판과 시디 음반도 구비했다. 그랬더니 책과 음악, 꽃이 있는 감성 숙소가 되었다.

내 마지막 꿈을 향해 집은 책으로 첩첩 쌓고, 정원은 꽃으로 가득 채우고 싶다. 이곳에 단 하루를 머물러도 몸과 마음이 치유되기를 바라며 문패를 달았다. 설흘재雪屹齋. 이름 그대로 설흘산 아래에서 몸과 마음을 정화한다는 의미이다.

고향에 뼈를 묻기로 한 후 생각부터 달라졌다. 우선 남해와 고향인 다랭이마을에 대한 애착이 더해졌다. 어머니를 모시고 고향 집을 지키는 것보다 더한 가치가 어디 있겠는가. 세상이 날 버려도 꿈을 잃어버린 사람은 되지 말자며 무소의 뿔처럼 나아가기로 했다. 자그마한 물고기에도 바다가 있듯이 나의 몸과 마음에는 터가 존재한다. 그곳이 곧 설흘재이다.

꽃필 날을 기다리며

빈 들판 넘어 봄이 오고 있다. 마른 풀숲에 아지랑이 피어오르고 지상의 꽃 잔치가 시작된다. 가만히 있어도 가슴 뛰는 삼월. 어제는 들로 나갔더니 도랑 물소리가 발목에 감겼다. 내 몸보다 먼저 우주에 봄이 와 있었다.

상수리나무에 잎이 돋자, 새가 날아든다. 나뭇가지에 봄물 도는 소리가 들린다. 저 나무는 오래전부터 그 자리에 서 있었다. 노목에 동이 터 오면 비로소 아침이 열린다. 햇살은 우듬지에 걸려 반짝이고, 매달 보름이 되면 둥그런 달이 휘영청 걸리기도 한다.

상수리나무 우듬지에서 시선을 돌리면 마을 뒤에 있는 설흘산이 눈에 들어온다. 어머니의 젖무덤 같은 산이다. 응봉산자락의 매봉산이 아버지를 닮은 산이라면 설흘산은 어머니를 닮았다. 그곳은 어머니의 품처럼 비가 오는 날에는 어김없이 구름이 오가며 놀기도 한다. 고향 집에 머물러 살기로 한 후 집 단장에 분주하다.

밤마다 꿈을 꾸었다. 어찌하면 멋진 정원을 꾸밀 수 있을까. 일꾼을 불러 꾸밀 수도 있었지만, 남편과 손수 화단을 만들었다. 사랑채를 수리할 때 구들장을 거두어 텃밭에 쌓아두었다. 구들장으로 화단을 만들면 의미 있을 거로 생각했다.

화단을 꾸미던 날, 마음이 앞선 나는 남편보다 먼저 무거운 구들장을 마당으로 가져다 날랐다. 남편은 어디서 그런 힘이 나냐며 웃음을 쳤다. 예쁜 정원을 만들겠다는 신념에 나는 돌이 무거운 줄도 몰랐다. 정성 들여 구들장을 세우고 단장했더니 근사한 화단이 되었다.

구해둔 꽃씨로 빈 땅을 채우고, 꽃나무를 화단에 심으니 내 가슴에도 꽃이 피는 것 같았다. 화분에 있던 수국과 동백나무도 옮겨 심었더니 오래전부터 자리한 듯 자연스럽다. 나무 아래와 돌 틈 사이에 키 작은 들꽃을 심고 물을 듬뿍 주었다. 이제 저 생명들은 나의 반려 식물이다.

언 땅에 심은 튤립 구근이 땅 위로 고개를 쓱 내밀고 있다. 싹눈 난 작약을 심었더니 하루하루가 다르게 키를 키우고 있다. 꽃필 날을 기다리니 마냥 설렌다. 봄이 오고 여름 가을이 되면 꽃 천지가 될 것이다. 화분을 사고 항아리란 항아리는 다 모았다. 뒷집 엄마 손에서 멀어진 항아리까지 들고 와 꾸몄다. 하나둘……. 화분 수가 늘고 꽃도 늘어난다. 오래된 항아리를 물로 씻었더니 자기 색을 드러내어 고풍스럽다. 꽃과 잘 어우러진다.

아침에 마당으로 나가면 반려 식물과 대화하며 눈을 맞춘다. 어느 꽃이 먼저 필까. 기다리지 않아도 꽃 손님은 하나둘 방문한다. 꽃이 오기 시작하니 마당이 환하다. 꽃이 제 몫을 다하는 동안 나는 황홀경에 빠진다. 씨앗에서 열매까지의 길……. 그 길을 그리며 꽃식물에 응원한다.

날마다 화분을 만지고 꽃을 들여다보는 나를 보며 어머니는 씩 웃으신다. 예전 같으면 쓸데없는 짓을 한다고 나무라셨을 텐데, 내가 고향 집을 보존하기로 한 후엔 오히려 흐뭇해하신다. 먹고 싶은 것, 입고 싶은 것 마다하고 화분과 꽃모종을 샀다. 꽃이 만발한 마당을 생각하면 마음에도 꽃이 피었다. 책이 있는 집. 몇 해 전에 귀하게 얻은 서각이 꽃과 함께 이제야 빛을 발할 것 같다.

코로나로 인해 한동안 마음 둘 곳이 없었다. 무의미하게, 생리적인 것에만 집착하는 사람들을 돌보는 일 또한 버겁고 우울했다. 그 어디에도 기댈 곳이 없었다. 하지만 꽃을 보면 배시시 웃음이 괴었다. 생각의 더미가 무거울 땐 처마 끝에 걸린 허공에다 마음을 걸었다. 사람에게 다친 마음을 자연에서 위로 받기 위해 꽃나무를 심었다. 거짓말을 하지 않는 흙이 좋았다.

나에게 가장 소중한, 그 큰 걸 내려놓았다. 한동안 글쓰기를 잊고 살았다. 그러다 한가해지면 왜인지 허전했다. 펜을 놓고 있었지만, 경계의 저편 아득히 그리움이 존재했다. 그럴 때는 들로 나가서 자연과 마주했다. '삶에서 만나는 가장 심오한 교과서는 바로 자연'이라고 말한 헤르만 헤세의 명언을 기억하며 바지랑대가 있는 빨랫줄에 자연에 사는 즐거움을 내걸었다.

오래전에 누군가 그랬다. 사람을 믿지 말고 자연과 가까워져라. 사람은 다치게 하지만, 자연은 그렇지 않다. 살아보니 그 말이 맞았다. 이 세상은 왜 나를 알아주지 않을까, 라며 원망할 필요도 없다. 머리를 숙이고선 알았다. 해바라기처럼 가끔 머리를 숙이고 살아갈 일이라고.

긴 겨울 지나 무심히 피고 지는 꽃처럼 묵묵히 길을 걸으며 또 다른 꿈을 꾼다. 오직 내가 기댈 곳은 고향 땅 자연임을. 아직은 밤 기온이 차서 걱정되지만, 아침마다 마당에 나와 꽃나무와 눈을 맞추며 애정을 표시한다. 아이들이 성장하고 나면 전원에서 살고 싶었던 꿈이 이루어졌다. 옛집을 되살려 살아가는 재미란 바로 이런 것이구나 싶다.

환한 봄날, 나는 지금 풍경 한 자락 품고 세월을 건너고 있다. 내 삶이 환희로 다가와 인생 정원에도 꽃필 날을 기다리며 매일 옛집 마당을 곱게 꾸민다. 이제 내게 남은 건, 자연과 사람에게 예술로 보답하는 삶이 아니런가.

손님

맨몸을 드러내던 앞산이 봄빛으로 차오른다. 만물이 기지개를 켜는 물오름 달이다. 숙소 설흘재의 문을 열고 두 번째 맞이하는 봄이다. 내 소유의 뜰에 키 작은 꽃이 차례로 피기 시작한다. 복수초, 풍로초, 크로커스, 민들레, 제비꽃……. 꽃이 모이면 빛이 된다는 말을 실감하며 마당으로 나가는 횟수가 잦다. 꽃나무가 꾸는 꿈처럼, 설흘재에서 내 생의 마지막 꿈을 꾼다.

사랑채에 머물던 손님이 퇴실할 시각이다. 인기척을 느낀 반려견이 꼬리를 치며 짖어댄다. 퇴실하는 걸 알아챈 녀석이 손님을 배웅하자는 것이다. 어제 오후에 입실한 손님은 다정한 부부와 어여쁜 여자아기였다. 아가 이름은 우주, 태명은 꽃님이었다고 했다. 꽃을 좋아한다는 우주 엄마의 얼굴이 활짝 핀 꽃처럼 환했다. 우주 아빠는 봄꽃 같은 아내와 딸을 위해 분주했다. 마당 테이블에서 고기를 구워 만찬을 즐겼다.

돌을 갓 넘긴 아가가 무얼 느끼겠는가 싶어도 우주는 영리했다. 나를 보더니 앙증맞게 윙크하고, 머리 위로 양팔을 올려 하트를 그렸다. 아빠 엄마가 깜찍하게 키우는 듯했다. 가족사진을 찍어달라기에 렌즈를 열었더니 어찌나 행복해하는지. 저게 바로 가족이고, 사랑이구나 싶었다. 뒤뚱~뒤뚱. 걷기조차 힘겨운 우주가 꽃향기를 맡는 시늉하며 마당을 나갔다. 봄날 아침, 전라도에서 온 우주네가 설흘재에 머문 후 떠났다.

 꽃과 책이 있고, 음악이 흐르는 설흘재에는 이야기가 머문다. 하여 말로 다할 수 없는 손님이 다녀갔다. 방방곡곡에서 손님이 오셨다. 첫 손님은 서울에서 오신 모녀였다. 어머니는 출판사 대표이고, 딸은 작가였다. 첫 손님이 문학과 관련 있어서 의미심장했다.

 먼 인천에서 버스를 타고 와 하루 묵고 가는 손님도 있었고, 대구에서 온 손님은 구순 된 노모를 모시고 와 복닥대며 이틀 동안 머물다 갔다. 가족끼리 와서 조용히 머물다 가는가 하면, 선남선녀가 사랑을 나누다 가기도 했다. 음악 듣고 책을 읽다가 안온하다며 하루 더 머물다 가기도 했다. 벌써 세 번째 다녀가신 손님도 있다.

 어느 날엔 수도권에서 사흘 동안 머물 배우 가족이 왔다. 아빠는 핸섬하고 꽤나 이름 있는 배우였다. 순수하고 인성 좋은 부모를 닮아 아들딸도 예의 바르고 밝았다. 호텔보다 아늑하여 좋았다며 설흘재는 곧 사랑이라 했다.

미국에 사는 딸이 귀국하여 가족여행을 온 팀도 있었다. 자연적인 다랭이마을과 한국적인 설흘재를 선택해서 왔다고 했다. 열 살 때부터 미국에 산 딸과 동생을 위해 엄마와 아들 내외가 수고를 자청했다. 오랜만에 상봉한 가족이 좋은 추억 만들어 간다고 해서 어깨가 우쭐해졌다.

태교 여행을 와서 닷새 동안 머물다 간 강원도 부부는 몇 달 후에 아기가 태어났다며 사진을 찍어서 보내주셨다. 아기가 어느 정도 자라면 함께 방문하겠다고 했다. 대구에서 계절마다 다녀가는 부부도 있고, 먼 원주에서 달려와 새해 일출을 보기 위해 해마다 예약하는 분도 있다.

마당에 주차하고 내린 손님을 보고 놀란 적도 있었다. 만삭에 가까운 아리따운 여인이 무거운 몸으로 먼 길을 달려와 주어 가슴으로 안았다. 용감한 어머니를 닮은 아가가 태어나기를 기원하며 고구마를 구워서 드렸다. 마냥 좋아하는 손님들을 위해 무엇이든 나누고 싶다.

어디 그뿐인가. 시흥에서 온 부부는 내 작품집을 읽고 살아가는 힘을 얻었다며 리뷰를 남겼다. 여행길에서 만난 배탈로 힘들었는데 내 도움으로 무사히 도착할 수 있었다며 손 편지와 옷을 보내와서 감동했다. 이 모든 것은 내가 설흘재를 운영하며 사는 즐거움이다.

설흘재는 독채라 자유롭고 지친 심신을 치유하기 좋은 공간이라 했다. 하하 호호 정감 어린 대화가 오가고, 특히 숙면하기 좋다고 했다. 침실은 오래전, 아버지 형제들의 신혼 방이라 평안한 듯했다. 어머니는 안채 마루에 앉아 다녀가는 손님에게 손을 흔드셨다.

손님 중 열의 아홉은 후기를 남겼다. 방명록을 읽어보면 글쓴이의 심성이 드러나서 입가에 미소가 번졌다. 손님들은 앞서 다녀간 사람의 글을 읽는 재미가 쏠쏠하고, 자신도 글을 써보고 싶다는 충동이 인다고 했다. 그래서 이곳에 머무는 이들은 시인이요, 작가가 된다. 쉼터가 되고, 생각할 수 있는 공간이 된다니 얼마나 다행인가. 손님들이 써두고 간 방명록은 책으로 남아 설흘재의 흔적, 역사가 될 것이다.

다녀간 분들이 건넨 선물 또한 다양했다. 어머니 계신다며 귀한 떡을 사 오시는가 하면, 퇴직 기념 여행으로 다녀간 부부는 제주 모시떡을 선물로 보내주시기도 했다. 고양이들 잘 키우라며 사료를 보내주는 분도 있고, 귀한 용품을 선물하는 분도 계셨다. 숙박비를 더 올리라고 했지만, 내 마음만 알아주시면 된다고 손사래를 쳤다. 소박한 이곳을 찾는 손님들께 감사할 뿐, 내 수고쯤은 감수하기로 했다.

사랑채를 단장할 땐 내 글 쓰는 공간으로 사용하려고 했다. 꽃 단장하고 보니 혼자 사용하긴 아까워서 숙소로 내기로 했다. 청결을 으뜸으로 하며, 꽃나무를 심고 아기자기한 소품으로 꾸몄다. 손님들은 넘치지도, 궁하지도 않은 곳이라 더 좋다고 했다. 사랑채의 본래 의미와 일치하니 얼마나 뜻있는 일인가. 이곳에서 머문 시간이 손님에겐 아련한 추억이 되고, 잔잔한 그리움으로 남았으면 한다. 설흘재雪屹齋라는 숙소 이름처럼 설흘산 아래에서 몸과 마음을 치유하길 바라는 내 마음이 통하는 듯해서 흐뭇하다.

산다는 건 무엇일까. 부, 명예보다 의미와 보람이 우선이다. 명성을 떨치지 않아도 행복할 수 있다면 그게 바로 가치 있는 삶이다. 고향 집에서의 삶이 이 정도면 난 만족한다. 손님이 행복하면 나 또한 기쁨이 된다.

길고양이 가족이 마당에 산 지 삼 년이 넘었다. 생명이 왔다 갔다 하는 게 좋아서 챙겨 먹였더니 식구가 되었다. 볕 좋은 날, 마당에 벌러덩 누워 있는 고양이 가족을 본 손님들이 평화, 그 자체라고 하니 그것이면 족하다. 꽃샘추위의 시샘을 이겨내고 마당의 꽃들이 피기 시작한다. 일러주지 않아도 순서대로 오는 꽃. 어느새 마당이 봄 손님으로 환하다. 사랑채에 손님이 드니 집이 환하고 살아 있다.

고향 집과 연이 깊어 내가 정착한 것처럼, 손님도 우리 집과 연이 닿아야 올 수 있었다. 아무리 오고 싶다 해도 인연이 닿지 않으면 만날 수 없었다. 숙소 청소를 마치고 손님 맞을 채비를 했다. 오늘은 또 어떤 손님이 설흘재에 들까?

잘 가요, 우리 엄마!

한 장 남은 달력을 펼치자, 강추위가 몰아쳤다. 남해에서는 때 이른 한파였다. 엄마를 근 다섯 해 동안 모셨지만, 감기 한 번 걸리지 않으시고 생을 이어왔다.

날이 차다며 두꺼운 이불을 내어드렸지만, 사시사철 당신이 덮는 이불만 고수하여 언성이 높아졌다. 노상 덮는 이불이라 편해서 그런 줄 알았는데 당신이 소천한 후 알았다. 그 이불은 애지중지한 장손이 어릴 적에 덮던 것이었다고. 아흔한 살이었던 엄마는 두 해 전부터 귀가 철벽이 되었고, 중풍으로 어휘를 구사할 수 없어 소통마저 불가능했다.

동장군이 물러설 기미가 보이지 않아 이불 한 채를 더 드리며 둘 다 덮으시라고 했다. 한데 어느 날부터 기침을 시작했다. 코로나19 검사를 했지만 음성이었다. 열이 나지 않고 거동까지 어려워 집에서 관찰했다. 주치의께 약을 처방 받아와 챙겨드렸지만, 차도

가 없었다. 겁이 덜컥 났다.

　약을 드셔도 기침이 멈추지 않았다. 폐렴이 오겠다 싶어 입원시키기로 했다. 코로나19 검사를 하니 나는 음성인데, 엄마 키트에는 붉은 선 두 개가 선명하게 드러났다. 갑자기 머리가 복잡해졌다. 설 수도 걸을 수도 없는 어머니를 어떻게 병원으로 모시나. 궁리 끝에 119에 전화를 걸었다. 내가 엄마를 봉양하며 세 번째 부른 구급차였다.

　내일을 알 수 없다는 엄마를 침대에 눕혀두고 병원을 나서는데 눈물이 쏟아져 중심을 잃었다. 의사는 마음의 준비를 하라는데 우리 엄마는 이겨낼 거라며 고개를 내저었다. 터벅터벅 걷는데 찬비가 내려와 가뜩이나 무거운 어깨를 두드렸다. 수면 부족으로 몸이 휘청거렸지만, 고향 집으로 돌아왔다. 그날 밤, 난 엄마 끓여드리려고 불려둔 녹두로 죽을 쑤어 울먹이며 먹었다. 까끌까끌한 목구멍으로 녹두죽을 꾸역꾸역 삼켰다.

　며칠 뒤, 밤새 서설이 내려 마당을 뒤덮었다. 눈이 녹아들 무렵 병원에서 호출했다. 의사는 집으로 돌아가기 어려울 거라며 쐐기를 박았다. 그날 이후 엄마는 식음을 전폐했다. 곡기를 끊은 엄마는 영양제와 산소의 힘을 빌려 이승과의 연을 이어갔다. 부정하고 싶었지만, 떠나보낼 준비를 했다. 아무것도 손에 잡히지 않고, 못 해준 것만 생각나서 눈시울이 붉어졌다. 하루는 생각이 많아서 잠

못 들고, 하루는 지쳐서 곯아떨어졌다.

　허둥지둥. 심란하게 연말연시를 보냈다. 병문안도 쉬이 허락되지 않는 시절이 한탄스러웠다. 까마귀는 매일 전봇대에 앉아 울어댔다. 그래서 더 불안했다. 어머니는 병상에 누운 채 날마다 시간을 죽였다. 그러기를 열흘. 희망이란 빛은 점점 희미해져 가고 어둠의 그림자가 다가섰다.

　차갑던 날씨가 꺾이고 포근한 날이 이어졌다. 가시더라도 땅 차지 않은 날에 떠나길 소원하며 텅 빈 하늘만 바라봤다. 어떤 날은 슬픔에 가슴이 미어졌고, 어느 날엔 틀에 갇힌 생활에서 자유로워져서 홀가분했다. 그러다가도 엄마의 생이 스쳐 갔다. 구십 년을 지난하게 살아오신 조선의 어머니. 당신의 생애를 너무 잘 알기에 봉양하러 고향으로 내려오지 않았던가.

　어머니는 꽃다운 열여덟 살에 숙명처럼 혼인했다. 가마 타고 무지개 재를 넘어 다랭이마을로 시집와 책임을 다했다. 장손 아내로 농사짓고 길쌈하고, 두세 살 터울로 구 남매 낳아 셋을 잃고 기르느라 철 지나고 해 가는 줄 몰랐다. 시집살이와 노동으로 인해 안짱다리가 되고 병을 얻었다.

　팔십 초반에 중풍을 얻어 아버지의 수발과 막내딸 돌봄을 받으며 집에서 지내셨다. 젊은 날, 갖은 고생과 수모를 겪어도 우릴 버리지 않고 꿋꿋하게 살아주신 엄마였다. 병원으로 가시기 나흘 전까지 엉덩이를 밀고 화장실에 가셨다. 죽을힘 다해 몸을 일으켜 아버지께서 달아주신 봉을 붙잡고 화장실에 들어섰다. 일심一心이라는 이름처럼 마지막까지 강단 있는 분이셨다.

입원 보름째 되던 밤, 남동생과 통화했다. 만일 엄마가 회복하시면 누나가 좀 더 고생해달라며 부탁하기에 그러겠다고 했다. 하나 한 시간이 채 되지 않아 위독하다는 전갈이 왔다. 장남인 동생 내외가 달려가 가슴이 식지 않은 엄마의 손을 붙잡았다. 휴대전화로 아들딸 목소리를 하나하나 들려주니 마지막 눈물을 흘리셨다고 했다.

엄마가 떠나시기 전날, 온종일 울었다. 안방만 바라봐도 눈물이 났고, 못 해 드린 게 한이 되어 가슴을 쳤다. 입원해 계시는 동안 얼마나 외롭고 아프고 두려웠을까. 하지만 우리 엄마다웠다. 자식들을 위해 늦은 밤에 떠나시고. 장례식 날이 소한인데도 봄날같이 따스했다. 엄마가 쌓은 은덕으로 소한 추위마저 물러났다.

한 줌의 재가 된 엄마를 모시고 고향으로 오던 날, 무지개마을 외가댁에 들렀다. 당신이 태어난 집 대문 앞에서 마지막 인사를 고하고 다랭이마을로 왔다. 영정사진과 혼백을 앞세우고 생전에 머물던 집에 들러 한 바퀴 돌았다. 대문을 나서 골목으로 오르자, 친분 두텁던 뒷집 엄마가 대성통곡하는 바람에 덩달아 울었다.

마을 광장에서 노제를 올렸다. 마을 사람들이 나와 먼 길 떠나는 엄마를 배웅했다. 1월의 하늘은 맑고 바람 한 점 없었다. 여기저기에서 엄마의 마지막 생은 호강하신 거라 했다. 노제를 올리던 중, 내 얼굴 앞에 꿀벌 한 마리가 날아와 윙윙거리며 맴을 돌았다. 한겨울에 웬 꿀벌……. 엄마는 벌써 꿀벌로 환생하신 듯했다. 억척스럽고 바지런한 울 엄마는 천생 꿀벌이었다. 그걸 부정할 사람은 아무도 없을 것이다.

노제를 마치고 아버지의 산소가 있는 재로 향했다. 아버지와 어머니를 합장했다. 두 분은 다섯 해 만에 해후했다. 아버지의 곁에서 평안히 쉬시라며 두 손으로 흙을 뿌리고 봉분을 쓰다듬었다. 슬픔보다는 안식에 드실 엄마를 위로하며 아들 며느리, 딸 사위, 손자들이 절을 올렸다. 마음을 다하며 소리 내어 울먹였다.

"잘 가요, 우리 엄마!"

삶이 곧 꿈꾸기였던 나. 울타리였던 엄마마저 떠나고 고향 집에 홀로 남았다. 이젠 곁에 아무도 없지만, 조상 집 잘 보존하는 것이 도리이며 나의 뜻이다.

장맛비

그쳤던 장맛비가 또 내렸다. 6월 말부터 시작된 장마가 지루하게 이어졌다. 눈만 뜨면 하늘을 봤다. 한 달 중 햇살 본 게 몇 날이었던가. 다랭이마을엔 비가 오기 전에 나타나는 자연현상이 있다. 바다에서 해무가 스멀스멀 올라와 마을을 삼킨다. 설흘산, 응봉산, 매봉산도 해무에 잠겨 존재가 무색하다.

올 장맛비는 강수량이 예년의 몇 배. 산사태와 물난리로 실종, 사망자가 늘고 있다. 장대 같은 비가 멈출 줄 모르니 이곳도 지반이 약해졌다. 여기저기에서 무너져 도로가 막혀버렸다. 이웃 마을에서 오는 길이 끊기고, 마을 입구에도 산이 무너져 내려 차량의 발을 묶었다.

길이 끊기고 막히니 마을은 고립되어 버렸다. 세상에 고립, 고립이라니. 처음엔 혼란스럽고 두려움이 앞섰다. 하지만 고향에 정착한 나의 삶이고, 현실이다. 풍광이 멋지면 지형이 험할 수밖에. 그만큼 자연재해에 노출되어 있다는 의미이다. 올해는 해무 끼는 날이 예년보다 더 많고, 비가 그치지 않으니 침울했다. 이곳에서 평생 산 어르신들도 우울함을 토로했다. 하나 하늘이 하는 일을 누가 막겠는가.

며칠째 버스 구경을 못했고, 쓰레기차도 마을 안으로 들어오지 못했다, 마음을 굳게 먹었다. 병원에 가야 하는 사람들은 옴짝 못한 채 집 안에 갇히고, 바깥으로 일하러 나간 사람들도 마을로 들어오지 못해 발을 동동거렸다. 몇 마을을 돌고 돌아 겨우 귀가했다며 혀를 내둘렀다.

휴가철인데 마을은 쥐 죽은 듯 조용했다. 내가 운영하는 숙소에 묵겠다며 예약한 손님에게 이곳 사정을 알리고 환불하여 드렸다. 손님들은 예약한 숙소를 취소하는 아쉬움이 컸겠지만, 오히려 나에게 조심하라며 위로해 줘서 고마웠다.

이럴 때일수록 마을을 굳건히 지키는 사람들이 있다. 마을을 대표하는 임원들이다. 누구보다도 이장님이 가장 분주했다. 이른 아침 산사태가 난 현장으로 달려가 상황을 파악하여 동민들에게 알렸다. 억수같이 퍼붓는 비를 헤치고 다니며 마을의 주변을 살폈다. 책임감이란 이토록 무서운 것. 그 수고를 어찌 말로 다 할 수 있을까.

폭우가 쏟아지면 이장님의 목소리부터 달랐다. 언덕 높은 집이나 산 아래에 계시는 어른들은 마을 회관으로 모시겠다며 방송했다. 비가 그치지 않자, 골목에 물이 철철 넘쳐났다. 내리는 비를 보며 멍하니 마루에 앉았는데 휴대전화가 징징 울었다. 김윤옥 이장님의 전화였다.

마을 위쪽에 사시는 J 어르신을 피신시켜야 하는 게 아니냐며 의논을 해왔다. 놀란 나는 어찌할 줄 몰랐다. J 어르신은 내가 돌보고 있는 친구 아버지다. 경사진 언덕에 살고 계시니 염려스러웠다. 쏟아지는 빗길을 달려가 볼 수 없으니 더욱 난감했다. 친구에게 연락하여 이쪽 사정을 전했다. 아흔세 살인 어르신은 청력 저하로 전화를 받지 않는다고 했다. 몇 번 시도 끝에 겨우 통화가 되어 무사함을 확인했다.

평생 터전을 지키며 살아오신 어른들은 이 정도는 까딱없다고 하시지만, 무슨 일이라도 벌어지면 어쩌나 했다. 산에서 엄청난 물이 쏟아져 내리니 무슨 일을 당할지 모르는 처지였다. 먹구름이 물러나자, 비가 그쳤다. 다행히도 마을의 집과 인명 피해는 없었다. 온난화로 지구촌이 야단법석이다. 이젠 어디에 살든 자연재해를 피할 수 없다. 겪고 견디며 살아야 하는 운명이다.

이곳은 오지라 내가 성장할 때도 생활하기 어려웠다. 통학버스로 등하교하던 시절, 비가 오면 마을에 차가 들어오지 않았다. 도로가 포장되지 않았을 때는 버스가 오르막을 오르지 못해 마을 사람들이 어귀로 나가 밀곤 했다. 버스가 오지 않으면 다른 동네까지 걸어가 등교했고, 이웃 마을 친구네에서 신세를 지기도 했다. 이곳은 예나 지금이나 참으로 살기 힘든 마을이다. 그래도 남아 있는 사람은 고향을 지키며 살아가야 한다.

주야장천 비가 내리고, 해무가 끼이는 날이면 심란했다. 고향 집을 지키겠다던 내 신념은 장맛비에 젖은 대지처럼 무너져 내렸다. 외지인들에게는 이곳이 아름다운 것만 생각되는 상상의 마을일 수 있겠지만, 살아가는 사람들에겐 현실의 마을이다.

어머니께서 소천하신 후에도 난 떠나지 않고 고향 집에 남았다. 숙소까지 운영하고 있지만, 이럴 때는 정신마저 나약해진다. 이 열악한 곳에서 내가 평생 살아갈 수 있을까? 그런 생각이 하루에도 수십 번씩 들곤 한다. 걱정거리만 안겨줄 것 같아 멀리 있는 가족에게 하소연조차 못 하고 있다. 이 또한 지나가리라 주문하며 뜬눈으로 밤을 새운다. 이 정도의 슬픔에 무너질 수 없다며 마음을 단단히 굳힌다.

마음이 흔들릴 때는 부모님을 생각한다. 지형이 험난한 이곳에서 울 엄마 아버지는 평생 살다 가셨잖은가. 해무 자욱한 산자락 논밭에서 종일토록 일하다가 귀가하여 허리 잠시 펴고 다음 날 또 산지로 나갔지 않았는가. 그런 생각을 하다 보면 위로가 된다.

내일모레면 이 지긋지긋한 장맛비도 그칠 거라고 한다. 마지막 남은 구름은 제발 많은 비를 뿌리지 말아주기를. 지금 우리가 겪고 있는 이 엄청난 일은 처음이 아니다. 시간이 가면 이 또한 무심해질 것이고, 더욱 굳건해질 것이다. 젖고 무너져 봐야 더 단단해지는 땅이 되듯, 나 또한 그러하리라.

  긴 긴 장맛비가 그치자, 해무도 더 이상 나타나지 않는다. 대기는 청청하고 설흘산 정기가 마을로 흘러내린다. 집마다 마당에서 모깃불을 피운다. 눅눅한 마음마저 말리고 싶은 것일 테다. 응봉산 자락에는 노을에 물든 황금빛 구름이 떠간다. 한동안 우울하던 마음을 탈고하고, 맑은 내일을 기약하며 다랭이마을의 딸로 그 자리를 지키리라.

뿌리를 내리다

　잠시 외출했다 마당으로 들어서니, 며칠 전 뵈었던 종수 삼촌이 마당 테이블에 앉아서 책을 읽고 계신다. 화들짝 놀란 나는 아직 안 가셨냐며 꾸벅 고개를 숙였다. 삼 일 동안 머문다고 하여 떠나신 줄 알았는데, 마치 당신네 집처럼 편안해 보였다. 안경 너머로 나를 확인한 삼촌은 기다렸다는 듯이 중후한 미소를 지었다.

　내가 살고 있는 이곳은 오래전 당신 어머니의 집이었다. 삼촌의 어머니는 증조할머니의 딸이셨다. 그래서 아버지와 외사촌이라고 했다. 고모할머니의 말씀을 들은 적은 있지만, 오래된 일이라 기억이 가물가물했다. 팔순 고개를 넘으셨다는 삼촌은 뿌리를 찾아오신 것이었다.

　옛 시절이 그리워 서울에서 여행길에 나섰다고 했다. 이장님 댁에 머물며 옛 추억을 회상해 볼 거라고 하셨다. 어머니께서 푸성귀를 이고 장이 서는 마을까지 걸었던 길을 걸어보기도 하고, 당신이 중학교에 다녔던 길도 걸어볼 요량이라 했다. 이번 여행의 목적은 부모님이 누워 계시는 고향의 산천초목을 훑어보고, 당신이 걸어왔던 길을 더듬고 싶다 했다. 멋진 발상이라며 나는 엄지손가락을 치켜세웠다.

골목에서 처음 만났던 때와는 달리 친숙해져 차를 마시며 정담을 나누었다. 시간 가는 줄 모르고 몇 시간 동안 뿌리에 관한 이야기를 했다. 나는 증조할머니의 사진이 있다며 오래된 책장 속에서 사진을 꺼내왔다. 삼촌은. 어머니를 빼닮은 외할머니의 사진을 한참이나 들여다보시며 눈시울을 붉혔다. 자전소설 두 권을 건네주시며 당신의 어머니는 곧 스승이었다며 살며시 눈을 감았다. 설흘산을 올려다보며 옛이야기를 실타래처럼 풀어내셨다.

삼촌의 어머니는 우리 집에서 태어나 한동네에 시집가셨다. 그래서 삼촌의 고향도 다랭이마을이다. 고모할머니는 길쌈하고 푸성귀를 팔아 장만한 돈을 아무도 몰래 장롱 아래에 숨기셨다. 삼촌이 중학교를 졸업한 후, 농사에 빠져 있을 때 조용히 불러 앉히셨다. 한 푼, 두 푼 모아두었던 돈뭉치를 건네시며 앞도 뒤도 보지 말고 부산으로 떠나라고 하셨다.

삼촌의 아버지는 고향에 남아 농사를 거들길 바랐지만, 어머니는 똥 묻은 팬티를 팔아서라도 너 공부는 시킬 거라 하시며 등을 떠미셨다. 그 길로 부산 이모님 댁으로 가서 일하며 공부하여 지금의 삼촌이 되었다며 회상했다. 독학하여 수십 년간 국가기관에서 봉직했고, 모범공무원으로 표창장도 받으셨다.

이 집 주인인 증조할머니께서 당신을 얼마나 좋아하셨는지 모른다며 소년처럼 웃었다. 감을 따서 치마에 쓱쓱 문지르고는 살짝 주셨다며 텃밭을 바라보셨다. 그 감나무는 지금 없지만, 텃밭 옆 대나무 숲에서 참새 떼가 조잘거리고 있다.

내가 뿌리를 찾아 여기에 왔던 것처럼, 삼촌도 퇴직 후 귀향하려고 했으나 건강상의 이유로 마음을 접었다고 했다. 어제는 옛집에 가서 기웃거리니, 지금의 주인이 누구냐며 소리 쳐서 냉큼 나왔다고 웃으셨다. 삼촌은 일정을 늦추어 추억이 머무는 곳을 두루두루 찾아다녔다고 했다. 헤엄치고 해산물을 땄던 바다 갯바위에 앉아 추억을 낚고, 대학입시 때 공부하던 굴을 찾아 산속에서 헤매기도 하셨단다.

지성과 문향을 겸비한 삼촌과 대화가 통했다. 학구열에 불타던 시절이 나와 비슷했고, 사회 공헌도가 엄청 높은 분이셨다. 이젠 검은 머리보다 은빛 머리가 더 많았지만, 눈빛은 빛나고 자신을 되돌아보는 인품 또한 지니셨다. 암 투병까지 하셨지만 정신은 건강했다. 나와 닮은 점이 많아서 마치 동지 같았다.

시간 가는 줄 모르고 얘길 하다 보니 어느새 응봉산으로 해가 넘어갔다. 앞산 그림자가 서서히 내려앉자, 아쉬움을 뒤로하며 또다시 만나자고 포옹했다. 삼촌을 배웅하고 마당에 들어섰다. 먼 훗날, 나도 황혼에 이르면 걸어왔던 길을 찾아 떠나보고 싶다. 내 인생이 녹아든 길을 찾아 삼촌처럼 여정에 나서고 싶다.

고향에서 여섯 번째 가을을 맞았다. 아버지의 뜻일까. 나의 운명일까. 서설이 내리던 삼 년 전, 나는 고향 집 주인이 되었다. 홀로 남은 노모를 돌보기 위해 귀향했다가 고향 집을 보존하기 위해 정착했다. 고향 집은 무조건 지켜야 한다는 생각이 나를 주저앉게 했다. 여식이면 어떤가. 조상의 터를 지키는 것도 효도라 생각했다.

뿌리를 지키기 위해 홀로서기에 들어섰다. 대를 향해 가는 길이 어떤 길인가를 겪어보기로 했다. 조금은 외롭고 자리잡긴 힘들겠지만, 내 결심이 헛되지 않도록 나아가기로 했다. 고향 집을 지키며 내 본연의 일인 글을 써보기로 했다. 부모님께서 늘 지켜보며 도와주시리라 여기며 주어진 길을 걷고 있다.

어디에 살든 장단점은 있는 법이다. 공기 좋은 시골살이지만, 마냥 좋은 점만 있는 건 아니다. 유배된 듯 적적할 때가 있고, 꿈에서 만났던 문장이 생각나지 않아 혼돈을 겪기도 한다. 하지만 내 마음의 의지처인 터에 기대기로 했다. 사명을 부여받은 듯이, 가치 있는 삶을 살기 위해 분투한다. 이제 고향 집은 지금까지 살아온 윗대의 이야기와 내 삶의 흔적이 더해져 역사가 될 것이다.

　마음이 모든 것을 지어낸다더니 그윽한 이곳이 바로 나의 자리. 내가 지킬 터다. 터는 의지할 곳이며, 터를 지킨다는 것은 존재가치를 의미하는 말이다. 요즘 부쩍 그런 생각에 사로잡혀 산다. 삶의 본질과 마주할 용기가 필요했던 나는 이곳에서 경험한 삶을 통해 많은 걸 배우고 있다. 내가 꿈꾸는 방향, 상상하던 삶을 살려고 자신 있게 나아가면 생각도 못 한 성공을 만난다는 것을.

　티 하나 없이 하늘은 높고 깊다. 설흘산 아래에 터를 잡은 고향 집. 마당에 서서 하늘을 볼 때면 가슴이 벅차다. 뿌리인 이곳에 내가 살고 있음이 감개무량하다.

떠남의 계절인가

마을에 또 한 채의 빈집이 생겼다. 한해의 끝자락에 팔구십 대 어르신들께서 살던 집을 떠나고 있다. 이곳이 어르신들께는 평생 터전이었던 곳이다. 나는 고향에서 노쇠하신 분들을 돌보는 요양보호사 일을 하고 있다. 동네 어르신을 아부지, 엄마라고 부르며 손발이 되어드리고 있다.

두어 달 전, 거둠이 끝나고 겨울로 가는 환절기였다. 나의 보살핌을 받던 조씨 아부지께서 낙상으로 병원으로 가셨다.

그날도 어둠이 그치자, 나는 가파른 골목을 올라 어르신 댁 대문으로 들어섰다. 평소 아침이면 마당에 계시던 분이 보이지 않아 태그를 찍고 거실로 들어섰다. "아부지!" 하며 거실로 들다 까무러치게 놀랐다. 아부지는 거실 바닥에 누워서 꼼짝 못 하고 계셨다. 순간 당황스러웠다. 아침에 일어나 화장실에 가시려고 침대에서 내려오시다가 낙상하신 것이었다. 상태를 보니 골절 같앉다. 급히 자식들과 통화하고, 119안전신고센터에 응급 요청을 했다. 어디로 후송할 것인가를 상의하고, 구급차가 올 때까지 소지품을 챙겼다.

한 번도 열어보지 않은 안방 장롱을 열어 아부지의 옷가지를 챙겼다. 깊숙이 넣어둔 비상금까지 챙겨 가방에 넣고 구급대가 오기를 기다렸다. 정신은 멀쩡하셨지만, 한기를 느끼며 미열이 났다. 침착하게 마음을 다스리며 아부지의 손을 꼭 잡고 안심시켰다.

마당에서 인기척이 나더니 구급대원들이 왔다. 조심스레 들것에 모신 후 지지대를 채우고 마당을 빠져나갔다. 나는 그 뒤를 따라가 구급차에 실린 아부지의 손을 잡았다. 눈시울을 붉히며 돌아오시길 기다리겠다고 했다. 문을 닫은 구급차가 황급히 마을을 뒤로했다. 떠나는 차를 하염없이 바라보며 난 손을 흔들었다.

병원으로 가신 아부지는 고관절 골절로 수술 후 재활요양병원에서 치료 중이시다. 재활이 목적이었지만, 폐렴으로 여러 차례 생과 사의 기로를 왔다 갔다 하신다.

조씨 아부지께서 병원으로 가시고 얼마 후, 사철나무집 아부지도 병원을 몇 번 오가시더니 하늘의 별이 되셨다. 동반자였던 부인을 홀로 남겨두고 세상을 떠나셨다. 매일 낮이면 함께 지내시던 대나무집 아부지 역시 방에서 낙상하여 결국엔 요양병원으로 가셨다. 죽어도 요양병원엔 아니 가실 거라 하셨는데……. 대나무집 아부지는 허리가 반쯤 굽어도 낙상하기 전날까지 민박 손님을 받으실 정도로 강인했다. 가족 위해 죽도록 일하시다가 한쪽 눈을 잃기도 했고, 별 보고 들로 나가서 별 보고 귀가하셨다는 일화까지 전해졌다.

세 분은 조씨 아부지 댁 아랫방에서 낮이면 군불을 지펴 함께 지내셨다. 나이에 장사 없다고 하더니 건강이 나빠지니 평생 살았던 집을 떠나셔야 했다. 사철나무집 아부지야 영영 돌아올 수 없는 길을 가셨지만, 조씨 아부지와 대나무집 아부지는 돌아오시길 바라지만 그 또한 희망일 뿐이다.

이태 동안 다리 통증으로 투병하시던 작은엄마도 입원을 몇 번 하시더니 결국 요양병원으로 가셨다. 시집살이와 농사일로 허리가 나빠져 엉덩이를 밀고 다니며 일했다는 말을 입에 달고 사셨다. 내가 모시던 엄마도 돌아가시고 첫 제사를 지냈다. 그들은 사는 동안 버티기를 반복하며 무릎이 꺾인 적도 있었을 테고, 눈에 넣어도 아프지 않을 자식을 가슴에 묻기도 하셨던 마을의 토박이셨다.

빈집이 점점 늘고 있다. 아랫모와는 달리 웃모는 빈집이 많다. 이곳에서 태어나 자라고 평생 몸을 갈아 살아오신 어르신들. 그분들이 서서히 별이 되고 있다.

다섯 해 넘게 돌보고 있는 뒷집 엄마 역시 작년 가을부터 상태가 달라졌다. 밥을 해 드시던 분이 인지가 떨어지고, 표정과 행동이 완전 아기이다, 어리광이 늘어 종일 나만 기다리신다. 저러시다가 언제 병원으로 가시게 될지 아무도 모르는 일이다. 마을엔 팔순 이후의 엄마들은 제법 계시지만, 아부지들은 서너 명에 불과하다. 앞으로 십 년 후엔 부모님 세대의 어르신은 찾아보기 힘들 것이다.

지금은 어르신들이 적응하기 어려운 환절기이다. 낙상 사고가 자주 일어나는 시기이고, 환경 적응이 어려워 질병이 생기기 쉬운 계절이다. 하여 마을의 산증인들이 터를 떠나시고 있다. 희로애락을 겪으며 살아온 터전을 등지고 싶어서가 아니라, 스스로 생활할 수 없으니 눈물을 머금고 떠나야 하는 실정이다.

부모님 세대가 떠나고 나면, 그 후 세대가 또 떠날 것이다. 나 또한 언제까지 이곳에 머물지 모르지만, 지금처럼 묵묵히 살아가 볼 참이다. 내일을 아무도 모른 채 산다지만, 사는 날까지 마을을 지킬 요량이다. 아부지, 엄마들이 평생 터를 일구며 지켜왔던 것처럼 굳건히.

소포

연일 비가 내려 날이 새침했다. 봄을 재촉하는 비라고 하지만 한기가 들 정도이다. 이곳 어른들은 양력 일월 날씨보다 음력 정월이 더 춥다고 하셨다. 그 말씀이 실감 나는 어제오늘이다. 겨우내 얼어붙은 마음을 녹이는 봄비라 반갑기는 하나 연달아 우중충하니 기분까지 우울했다.

이른 아침에 소포우편물이 온다는 문자가 와서 의아했다. 어디에서 누가 보낸 소포일까? 택배, 등기도 아닌 소포라니. 오전엔 일에 미쳐 잊고 있었는데 오후에 우편배달부한테서 전화가 왔다. 소포가 왔는데 어디에 계시냐고 했다. 수급자 댁에서 일하는 중이라 했더니 소포를 마당 테이블에 두고 가겠노라 했다. 일을 마치고 곧장 마당으로 들어와 소포를 확인하니 수신자인 나의 주소와 이름은 맞았다. 한데 발신자의 주소와 이름이 낯설었다.

요즘은 우편물과 택배에 개인정보 보호를 위해 이름과 전화번호를 다 밝히지 않고 표기한다. 주소는 부산인데 낯설었다. 문인일까? 고개를 갸우뚱하며 곱게 포장된 종이를 뜯었다. 예쁜 상자 속에는 고급 과자와 손으로 직접 쓴 카드가 들어있었다. 카드 앞면에는 꽃 그림이 그려져 있고, Thank you로 찍힌 카드 뒷면에는 마음을 다해 쓴 손 편지가 적혀 있었다.

-2024년 1월 19일 비 오던 그날!

만만히 여기고 내려갔던 골목길. 선생님 신호등 만나 무사히 귀가한 노부부입니다. 정말 고마웠습니다. 어찌 마음을 표해야 할지요? 아직도 골목길에는 아롱다롱 보석이 많아 그렇게 기웃기웃하나 봅니다. 화창한 어느 날, 그 길을 걸어서 선생님 뵈러 가기를 혼자 되뇌며 우선 고마운 마음을 보내드립니다. 이*숙 드림-

편지를 읽고 난 후, 기억을 더듬어 보아도 도무지 생각나지 않았다. 겨울비 오던 날, 길을 잃어 헤매고 있을 때 내가 신호등이 되어주었다니. 고마웠다는 내용의 편지와 고급 과자가 든 선물 상자였다. 궁금증이 동하여 우편배달부께 연락하여 발신인의 전화번호를 알 수 없겠냐고 여쭈었다. 내 마을을 전해야겠는데 전화번호 전부를 알 수 없으니 안타까운 일이라고 했다. 자신은 주소대로 배달만 할 뿐이라며 알 수 없다고 했다. 고마움을 전해야 하는데 막막했다.

휴대전화에 남은 흔적이라도 찾고 싶어 검색해 보았지만 나타나지 않았다. 내 블로그에 글을 올려볼까. 그러면 그분이 연락하지 않겠는가. 그런 생각까지 하던 중에 우편배달부에게서 전화가 왔다. 발신인의 전화번호를 알려주시며 연락해 보라고 했다.

곧장 전화했다. 전화벨이 울리자마자 여인의 부드러운 목소리가 들려왔다. 그분은 내 이름을 부르며 반가워했다. 나는 기억나지 않는다고 했더니 우리 집 옆 골목에서 벌어졌던 일을 나긋나긋 설명하셨다. 그제야 그때의 상황이 떠올랐다.

겨울비 내리던 그날, 가파른 골목으로 내려온 차가 후진을 시도했다. 하지만 미끄러워서 오르지 못하고 바퀴만 헛돌았다. 고급차였지만, 비까지 내려 운전하시는 어르신께서 당황스러워했다. 연세가 제법 있어 보였고, 차에서 내린 부인은 소리를 지르며 안내했지만 허사였다. 차가 커서 더 힘들어했고, 부인은 차가 다칠세라 고함까지 내질렀다. 부인의 목소리는 불안감이 배어있었고, 몸짓은 안절부절못했다.

나는 차를 돌릴 수 있는 골목으로 인도하여 이도 저도 할 수 없는 상황을 모면할 수 있게 도왔다. 차를 돌린 노부부는 안도하며 겨우 골목을 벗어났다. 그들은 미끄러운 골목을 빠져나가며 감사하다는 인사를 몇 번이나 했다. 나는 겨울비를 맞으며 조심, 조심히 가시라고 손을 흔들었다.

생긴 대로 터를 잡고 사는 이곳은 골목길이 가파르다. 처음 오신 분은 그 사정을 몰라 당황하고 차가 다치기도 한다. 그래서 난 마을을 찾은 분들에게 최대한 상냥스레 안내한다. 이곳을 찾은 여행객이 한 사람이라도 다치지 않기를 바라는 마음에서이다. 평소 그런 적이 많아서 그날 일을 예사롭지 않게 생각했다. 우리 집에 오는 손님뿐 아니라, 마을을 찾는 사람도 마찬가지였다. 손님이 최대한 편하게 여행하다 떠나길 바라며 안내했다.

별거 아니라며 잊고 있었는데 노부부에겐 고마웠던 모양이다. 그런 일은 다반사이고, 이런 인사와 선물까지 받을 일은 아니었다. 하나 잊지 않고 소포까지 보내주시다니 그분들의 인품이 느껴졌다. 골목을 오르기 전, 부인이 우리 집 대문에 붙은 숙소 문패를 보았다고 했다. 인터넷에 검색하여 주소를 알 수 있었다고 했다.

세상인심이 각박해도 이렇게 가슴 따스한 사람들이 있구나 싶어 훈훈했다, 나의 작은 마음 씀이 그들을 감동하게 하였다니 뿌듯했다. 정성스레 쓴 손 편지는 연일 비 온 뒤 내리는 한 줄기 빛 같았고, 마음으로 보내온 소포는 내 우울함을 치유해 준 고마운 선물이었다.

봄날을 기다린다, 풍경 위에 그려지는 저마다의 마음처럼, 그분들과 골목을 거닐며 마음 따스하게 나눌 그날을.

동행

천하를 들뜨게 한 꽃이 가고 연두가 왔다. 점점이 피었던 산 벚꽃마저 지고 나니 연두의 물결이 일렁인다. 내 몸은 천근같이 무겁건만, 사월의 산야는 더없이 싱그럽다. 읍내로 갈 차를 기다리며 설흘산 자락의 연둣빛에 취해 있다. 하늘 볼 틈 없이 살아도 마음은 늘 고향의 자연 속에 머문다.

고향에서의 하루하루가 의미 있다. 내가 이곳에 사는 이유이다. 오늘은 뒷집 엄마와 원재 오빠 내외를 모시고 외출하는 날이다. 잠을 설쳐 몸은 나른하지만, 약속은 지켜야 한다. 며칠 전부터 원재 오빠와 영선 언니는 소풍날을 기다리는 아이처럼 들떠 있었다.

이틀 전, 그들의 집에 갔더니 "동숭, 언제 옷 사러 갈 긴고?" 하시며 동심 어린 미소를 지었다. 며칠 후면 마을에서 봄나들이하러 가기 때문이다. 그때 입고 갈 옷을 사달라는 손짓이었다.

오빠네 내외는 장애인이라 내가 돌보고 있다. 신체와 지적 장애가 있지만, 자기 생각은 뚜렷하고 나름 꾀를 부릴 줄도 안다. 그들의 동행에 달가워하지 않는 사람도 있겠지만, 봄나들이에 보내리라 마음먹었다. 오늘은 내 시간이 주어져 그들의 옷을 사드리려고 한다. 홀로 외출할 수 없는 뒷집 엄마까지 모시고 나가려는 참이다.

요양병원에서 집으로 오신 뒷집 엄마는 며칠 전부터 미용실에 가고 싶어 했다. 오빠네 옷 사러 가는 길에 뒷집 엄마를 미용실에 모셔드리고, 오는 길에 함께 오면 될 거 같다. 노쇠하고 소통하기 어려운 분들을 모시고 외출하기란 쉽지 않지만, 운명처럼 내게 주어진 일이다.

며칠 전, 석봉이 엄마의 요양보호를 마치고 집으로 왔다. 해는 어느새 앞산 너머로 저물어 어스름이 깔려 있었다. 냉장고에 든 조기를 꺼내어 서둘러 뒷집으로 갔다.

"엄마, 저녁밥 드십시다."

"그래, 배가 고푸네. 어서 묵자!"

아흔한 살인 뒷집 엄마는 깔끔하고 강단 있는 분이셨다. 하나 지난해부터 인지기능이 떨어져 아기가 되어버렸다. 삼십 분 전만 해도 천천히 먹겠다고 하시더니 금세 시장하신 모양이었다. 잽싸게 부엌으로 들어가 프라이팬에 조기를 구워 상을 차렸다. 몹시

시장하셨는지 밥을 푸기도 전에 두부조림을 드셨다. 그 모습이 하도 어린애 같아 싱긋 웃었다. 요즘 난 뒷집에서 밥 먹을 때가 많다. 홀로 계신 뒷집 엄마의 식사를 거들고, 혼자 밥 먹는 쓸쓸함을 덜어드리기 위함이다.

요양병원에 입원하셨다가 당신의 집으로 오신 게 벌써 세 번째. 보름 전, 댁으로 왔을 땐 가까스로 일어나 지팡이를 짚고 걸으셨는데 한결 나아졌다. 앞산 자락이 봄빛으로 환하니 뒷집 엄마의 얼굴도 밝아졌다. 해마다 봄이면 참꽃 벌겋게 피었다며 나보다 먼저 봄을 느끼던 분이셨다. 신체기능과 우울 신경불안증이 호전되니 인지기능도 나아졌다. 입맛까지 돌아왔는지 차려주는 밥을 남기지 않으신다. 요양병원에 다시는 가지 않으려고 정신을 바짝 가다듬고 사신다.

뒷집 엄마가 보름 동안 집을 비운 사이 빈 마당엔 햇살과 바람만 놀다 갔다. 집에 홀로 두지 않겠다며 딸이 모시고 갔지만, 난 대문을 닫지 않았다. 방치된 집이 되지 않도록 틈틈이 가서 마당을 쓸어 고요함이 머물지 않도록 했다.

병원에서 뒷집 엄마는 집으로 오겠다며 성화를 부렸다. 하늘땅도 안 보이는 곳에 가두어 두었다며 원망했다. 하도 탓하는 바람에 딸의 마음이 흔들렸다. 딸은 의논할 사람이 없다며 울먹였다. 병세로 봐선 집에 홀로 둘 수 없겠지만, 원망하는 마음이 하늘을 찌르니 난감한 듯했다.

뒷집 엄마를 근 여섯 해 동안 돌보았지만 난 고민했다. 치매까지 있는 어르신을 돌보기란 모험 중 모험이기 때문이다. 무슨 일이라도 벌어진다면 내 몫이기 때문이다. 하지만 당신이 간절히 원하시고, 친구가 안쓰러워서 결단을 내렸다. 단 하루라도 집에서 계실 수 있다면 수발해 보겠다니 모시고 왔다.

아침이면 뒷집으로 가서 쌀을 안치고, 반찬거리를 장만하여 밥상을 차린다. 젓가락질이 시원찮아 숟가락 위에 잘게 쓴 반찬을 놓아드리고, 복용 중인 약을 챙겨드린다. 세끼 밥을 차려드리는 건 온전히 나의 일이 되었고, 행여 무슨 일이라도 벌어질세라 틈틈이 가서 동태를 살핀다. 가만히 누워 계시는 모습을 보며 머리를 쓰다듬기도 하고, 손을 잡고 잘 지내보자며 다독이기도 한다.

병원에선 마시고 싶어도 주지 않던 커피 한 잔 타보라 해서 웃음보가 터지기도 했다. 어느 날엔 인지가 떨어져 상처 주는 말씀을 하시지만, 그 또한 내가 받아들여야 서운하지 않다. 정신이 맑은 날엔 옛이야기를 주절주절해서 들어주기도 한다. 하루가 지루해도 당신이 살던 집에서 회복 중이고, 미용실에도 갈 수 있으니 얼마나 다행스러운 일인가.

이동할 차가 왔다. 가던 길에 뒷집 엄마는 단골 미용실에 내려드리고, 오빠네 내외는 읍내 옷 가게로 모시고 갔다. 오빠는 깔끔한 옷을 한 벌 사드리고, 언니는 화사한 옷과 분홍색 운동화까지 샀다. 그러자, 부부는 봄 같은 미소를 지었다. 귀갓길 미용실에 들러 영선 언니의 머리를 손질한 후 뒷집 엄마랑 정든 마을로 왔다.

고향에선 가만히 있어도 일이 생긴다. 어머니를 봉양하러 고향에 왔다가 옛집을 지키려고 정착했다. 어머니는 소천하시고, 내 손길이 필요한 어르신들을 돌보며 숙소를 운영하려니 하루가 출렁인다. 고단해서 쉬고 싶어도 도움을 청하면 거절할 수 없다. 외로울 틈도, 꽃 보며 마당에 서성일 시간도 줄었다. 그래도 틈날 때는 글을 쓴다.

몸은 고단하지만, 그들과의 동행이 헛되진 않다. 고향의 자연이 내게 준 선물처럼, 다랭이마을 딸로 어르신들의 남은 생에 동행할 요량이다. 소통이 쉽지 않아 때론 버겁지만, 노약한 분들의 손발, 눈과 귀가 되어주는 것이 무엇보다 보람 있다.

해가 앞산으로 기울어 저녁상을 차렸더니 뒷집 엄마가 어눌하게 말하셨다. "고맙다, 니는 내 딸이나 마찬가지라." 설거지를 하려던 난 가슴이 울컥했다. 그래, 동행이란 누군가의 삶에 들어가 손을 잡고 함께 걸어가 주는 것이라고 하지 않는가.

부엌문을 여니 산야는 초록 일색이다. 한 그루의 나무가 숲의 시작이듯, 지금 나에게 주어진 삶의 길이 헛되지 않기를 소망하며 아름다운 동행을 꿈꾼다.

황혼의 시간

매미의 절창이 우렁차다. 도깨비 장마라 불리는 올 장마는 뜬금없다. 소강하는가 싶으면 또 나타나 장대비를 퍼붓고 사라졌다. 이른 아침부터 매미가 목 터지게 울어 대는 걸 보니 오늘도 한더위 할 것 같다. 장맛비가 물러나니 식당을 운영하는 사람들의 손이 새벽부터 분주하다.

동살이 퍼지자, 학봉 삼촌과 숙모님은 어스름을 밀어내며 텃밭으로 향하신다. 다랭이논에서 손님 찬으로 내놓을 푸성귀를 거두기 위함이다. 작은 동력운반차에 나란히 앉은 두 분의 모습을 뵈니 애틋하다. 황혼의 시간에 들어선 두 분은 십여 년 전부터 다랭이맛집을 운영하고 계신다. 농로로 향하는 노부부의 뒷모습이 바다 위에 깔린 아침노을과 어우러져 눈부시다.

삼촌과 숙모님은 서울 생활을 접고 고향으로 돌아와 터를 잡았다. 삼촌은 팔순이 내일모레이지만, 나이와는 달리 허리가 꼿꼿하다. 훤칠한 키에 인물까지 겸비하여 누가 봐도 식당에서 일하실 분이 아니다. 하지만 음식의 맛과 모양을 내는 솜씨가 대단하다고 소문이 자자하다. 손님의 입맛에 맞추려고 애쓰시는 숙모님은 어느새 허리가 고사리처럼 구부정하다.

두 분은 쉬는 날 없이 식당을 운영하여 부자라는 소릴 듣는다. 막내아들까지 들어와 거들고 있어 한 걸음 물러나 계신다. 하나 푸성귀를 재배하는 일은 두 분의 몫이다. 영리하고 열정적인 아들도 따를 수 없는 것이 농사짓는 지혜다. 틈나는 대로 다랭이논으로 나가 씨 뿌리고 채소를 거두어 부식 재료로 사용하고 있다.

황혼의 시간에 들어선 두 분의 모습은 예전과 다르다. 식당 일에서 완전히 벗어난 건 아니지만, 텃밭으로 나가는 모습이 한결 여유롭다. 삶의 여정에서 배어든 무르익은 모습이다. 서로 위하는 마음조차 더해져 눈빛이 그윽하다. 작은 차에 몸을 싣고 텃밭으로 가는 다정한 모습을 뵈니, 며칠 전 만났던 빛담촌의 노부부 같아서 나는 만면에 미소가 번졌다.

그날 아침에도 매미 소리는 우렁찼다. 절기상 중복이었으니 무더울 거로 예상했다. 며칠 후끈 달아오른 대지에 땡볕이 내리쬐었다. 폭염주의보가 내렸다며 연일 안내방송을 했다. 점심시간이 가까워지자, 낯선 전화가 걸려 왔다. 숙소 예약 전화인 줄 알았더니 차분한 목소리로 빛담촌이라고 했다. 목소리만 들어도 누구인지 알 수 있었다. 점심때, 마을식당에서 콩국수를 먹자고 했다. 순간 나는 몸 둘 바를 몰랐다. 나는 노부부가 가끔 들르는 식당에서 도움을 청하면 도와주곤 한다. 점잖으신 두 분을 그곳에서 만나 인사하며 지냈다.

달포 전, 두 분은 식당을 다녀가며 우리 집에 들르셨다. 마당으로 들어와 차를 나누다 가셨다. 어르신들의 말솜씨와 분위기로 봐선 남해 사람은 아닌 듯했다. 식당에서 몇 번 뵌 게 전부였지만, 내가 글을 쓴다는 이유로 관심 어린 눈길을 주셨다. 과분한 정을 베푸심에 늘 황송했다.

지갑을 들고 두 분이 오신다는 곳으로 갔다. 푹푹 찌는 날씨였지만 식당으로 들어서는 두 분의 얼굴은 밝았다. 어르신들과 마주 앉는 건 두 번째였다. 내가 무슨 대단한 사람이라고 콩국수를 사시겠다는 것인지. 어르신들께서 대접하겠다는 말씀에 감동하여 가슴이 뭉클했다.

콩국수를 먹는 내내 노부부의 모습에서 눈을 뗄 수 없었다. 남자 분은 탁자 위에 있는 티슈를 뽑아서 부인께 슬쩍 건네셨고, 사모님은 반찬그릇을 부군 가까이에 밀어주시며 무언의 대화를 했다. 긴 대화를 나눈 적이 없어서 고향이 어디인지, 왜 빛담촌에 정착하셨는지, 예전에 어떤 일을 하셨는지에 대한 내막은 알 수 없었다. 풍기는 인품으로 봐선 공직에 일하셨던 것 같아 조심스레 여쭈었더니 웃음으로 답하시는 게 전부였다. 궁금한 게 많았지만, 더는 묻지 않았다. 말을 아끼는 것도 지혜이고, 배워야 할 점이라는 것을 그날 또 배웠다.

두 분은 황혼의 시간을 남해에서 보내기로 하고 아담한 집을 지어 사시는 듯했다. 취미가 무엇이냐고 여쭈었더니, 바다를 보는 재미로 사신다며 말없이 웃으셨다. 겸손과 여유. 부드러운 미소까지……. 부러웠다. 두 분과 식당 주인의 인정마저 더해져 콩국수는 진하고 구수했다. 콩국수 값을 내려고 하니 극구 말리시는 바람에 양보했다.

식당을 나와 두 분의 차가 있는 곳까지 동행했다. 볕이 뜨겁다며 들어가라고 했지만, 두 분의 발에 맞추어 차가 있는 곳으로 향했다. 찌는 날씨에 길가 풀도 시들했다. 고운 사모님은 양산을 지참하고 오셨다. 나는 작은 양산을 펼쳐 남자 어르신과 함께 썼다. 몇 번이나 올라가라며 등을 떠밀었지만, 끝까지 배웅하고 싶었다. 작별 인사를 나눈 후, 주인을 닮은 차가 가파른 농로로 올라갔다. 나는 뒷모습이 보이지 않을 때까지 서서 손을 흔들었다.

이름도 고운 빛담촌에서 노후를 보내고 계신 두 분. 어른다운 어른을 만나기란 쉽지 않은 세상에 두 분과 마주하고 보니 황혼의 시간은 서로 보듬고 배려하며 사랑하는 것이라며 알려 주는 듯했다. 작열하는 태양도, 모든 걸 초월한 이들 앞에선 힘을 과시할 수 없다는 생각마저 들어 한참 동안 서 있었다. 저 분들 역시 호기어린 젊을 때가 있었을 터이다. 열정이 넘쳐 흔들리기도 했을 테고, 때론 서로 갈등하며 아파할 때도 있었을 것이다. 하지만 이젠 다 내려놓고 오직 황혼의 시간에 정성을 다하는 것 같아 아름다웠다.

내가 이곳에서 가장 보람된 건, 고향은 노력한 만큼 대가를 안겨주고 고운 인연을 만나게 해주는 일이다. 인생에 있어 소중한 것은 재산과 명예, 지위도 아닌 현재 맺고 있는 인간관계의 질이다. 인생의 가치는 그 생에서 얼마나 많은 것을 이루었느냐가 아니라, 행위 하나하나에 깃든 현존의 질에 달려 있다고 어느 철학자가 말했다. 하여 지금의 내 삶이 운명이라면 기꺼이 응하리라. 나에게도 언젠가는 다 가올 황혼의 시간이 저들처럼 그윽하기를 소망하며 또 길 위에 선다.